10대를 위한

과학을 만든
결정적 질문

최원석 지음

과학을 만든

결정적 질문

다른

과학의 세계를 여행하는 탐험가가 되어

과학이라는 말을 들으면 실험복을 입고 화학물이 담긴 플라스크를 만지거나 현미경을 들여다보는 장면을 떠올리기 쉽습니다. 여러 연구가 그렇게 이뤄지고 있습니다. 하지만 실험실에 막대한 자원과 인력을 투입하기 시작한 것은 과학 역사에서 최근의 일입니다. 근대 이전 과학 연구는 대부분 개인 차원에서 이루어졌습니다. 과거 학자들은 선배들의 책을 살펴보며 혼자서 연구를 이어 나갔습니다.

그런데 오래전 혼자서 했던 연구나 오늘날 수많은 과학자가 모여 하는 연구나 중요하게 생각하는 것은 모두 같습니다. 바로 '질문'입니다. 과학자는 자연 현상에 질문을 던지고 그 질문의 답을 찾는 사람입니다. 그 과정에서 복잡한 수학이나 실험을 통한 증명이 필요한 것이지요.

이 책은 과학의 역사를 바꾼 가장 극적이고 중요한 질문 8가지를 다룹니다. 과거 사람들이 처음 호기심을 품은 배경에서 출발해 그 뒤로 수십 년에서 수천 년 동안 이어진 과학자들의 연구들을 살펴봅니다. 지금은 과학에 흥미가 없는 사람도 물질이 원자로 되어 있다는 사실을 알고 있습니다. 원자가 얼마나 작고 그 구조가 어떤지 몰라도 원자의 존재를 의심하지 않습니다. 지구가 태양 주변을 공전한다는 사실도 당연하게 받아들여요. 그런데 그 사실들은 누가, 어떻게 알아냈을까요? 그 사실을 처음으로 알아낸 사람은 얼마나 가슴 벅찬 감동을 느꼈을까요?

무작정 암기하는 것은 과학에 대한 흥미를 떨어트립니다. 생각의 틀을 깨는 독창적인 물음을 던진 과학자들의 이야기를 통해 여러분도 '과학하는' 재미를 느껴 보기를 바랍니다.

지금 우리가 알고 있는 과학도 언젠가는 새로운 질문을 던진 사람들에 의해 변화할 것입니다. 과학은 불변의 진리가 아니라 진실이 아닌 것을 끊임없이 없애고 수정해 가는 과정이에요. 그래서 새로운 질문이 등장하면 새로운 답을 찾아 떠나야 하는 끝없는 여행인 셈이지요.

이 책을 통해 여러분도 과학의 세계를 자유롭게 여행하는 탐험가가 되어 보기를 바랍니다.

질문 난이도 ★☆☆

물질과 원자

결정적 질문 ①

세상은 무엇으로

이루어져 있을까?

아주 오랜 옛날, 사람들은 세상을 신이 창조했다고 믿었습니다. 신의 힘 말고는 세상이 어떻게 존재하게 되었는지 설명할 길이 없었습니다. 무엇이 어떻게 되었든 모두 '신이 그렇게 하셨다'고 하면 골치 아픈 설명이 필요 없었지요. 오늘날에는 고대 그리스 신화를 재미있는 이야깃거리로만 여깁니다. 하지만 당시에는 정말 신화 속 신들의 존재를 믿었습니다. 그리스뿐 아니라 고대 인류 사회는 모든 것을 신의 힘으로 해석하던 '신화의 시대'였습니다.

그러던 중 '세상은 무엇으로 이루어졌는가?'라는 의문을 던지며 자연을 관찰한 자연철학자들이 등장했습니다. 신화에 기대지 않고 합리적인 설명을 하려 한 그들을 찾아 고대 그리스로 떠나 보겠습니다.

동물을 사냥하거나 식물의 열매를 채집하던 시대를 지나 기원전 1만 년 즈음부터는 사람들이 농사를 짓기 시작하면서 마을이 생겼습니다. 농사는 사람들에게 더 많은 식량을 제공했어요. 넉넉한 식량과 부를 축적한 특정 계층에게는 자유롭게 생각을 펼칠 수 있는 삶의 여유도 생겼습니다. 이렇게 농사가 활발하게 이뤄지면서 기원전 4000~3000년 무렵에는 큰 강 유역에서 문명이 생겨났습니다. 세계 4대 문명(메소포타미아·이집트·인더스·황허 문명)은 모두 강 주변에서 탄생했습니다. 강 근처에서 문명이 생겨난 것은 농사에 유리할 뿐만 아니라 생활에 필요한 식수를 얻고 강을 통한 교역으로 물자와 지식을 주고받기도 좋았기 때문입니다. 마을은 점차 성장해 도시가 되었고 문명은 더욱 발달했습니다.

고대 그리스 지역은 기원전 6세기에 이르자 날로 번창했습니다. 이오니아 지방의 항구 도시 밀레투스도 그러한 도시 중의 하나였지요. 오늘날 터키에 속해 있는 이곳은 주변 도시와의 무역을 통해 번성한 상업 도시였습니다. 우리는 이곳에서 과학의 시작을 알린 한 학자를 만날 수 있습니다.

어둠이 깔리는 도시에서 한 사나이가 하녀와 함께 하늘의 별만 바라보며 정신없이 걷고 있었습니다. 이 사나이는 하늘이 어두워질수록 선명해지는 별을 보는 일에 온통 정신이 팔려 있었습니다. 어찌나 몰두했는지 발 앞에 웅덩이가 있다는 것도 모른 채 계속 길을 걸어갔습니다. 그러다 그만 웅덩이에 빠지고 말았고, 그의 이런 모습을 본 하녀는 "하늘의 이치를 살피는 분이 자신의 미래는 보지 못하는군요"라고 비웃었습니다.

자신의 앞길조차 보지 못하면서 세계의 이치를 알아내려 했다고 비웃음을 샀던 사나이의 이름은 바로 '탈레스'입니다. 그는 그리스에서 자연철학을 처음으로 탐구한 사람이자 밀레투스학파의 창시자입니다.

탈레스는 그리스와 이집트 지역을 여행하면서 지역이 바

TIP

자연철학

자연에 대한 철학적 탐구로, 근대 과학이 등장하기 전 고대 그리스 철학자들을 중심으로 발전한 학문을 가리킵니다. 그리스의 자연철학자들은 신화 대신 우주, 원소, 물질 등으로 자연 현상을 설명하고자 했습니다. 자연이 무엇으로 이루어져 있으며 어떤 원리로 변화하는지 탐구했습니다.

뀌어도 북극성은 항상 북쪽에 있다는 사실을 알아냈습니다. 항해할 때 길을 잃지 않기 위해 북극성을 이용할 수 있다는 것은 어쩌면 경험이 많은 뱃사람들이 먼저 알고 있었을 수도 있지만, 어쨌든 탈레스는 북극성의 성질에 관해 언급했습니다. 또한 일식을 예언했다는 이야기가 전해질 만큼 천문학에 조예가 깊었습니다. 물론 당시 이집트와 바빌로니아에서 천문학이 높은 수준으로 발달해 있었기에 가능한 일이었습니다. 그런데 탈레스가 골똘히 하늘을 쳐다본 것은 단순히 천체 관측만을 위해서가 아니었어요. 그는 별을 관측해 세상이 무엇으로 이루어져 있는지 알고 싶어 했습니다.

탈레스는 최초의 과학자들을 일컫는 밀레투스학파에 속합니다. 밀레투스학파는 기원전 6세기 무렵 고대 그리스에 등장한 철학자들로, 소크라테스보다 앞서 활동했습니다. 사실 이 학파의 철학자들은 과학자라기보다는 자연철학자라고 보는 것이 더 적절합니다. 그러나 과학이 자연철학에서 발전한 것이니 그들을 최초의 과학자로 평가하기도 합니다. 이 학파에는 아낙시만드로스, 아낙시메네스, 헤라클레이토스 등이 속하는데 탈레스는 그중에서 가장 유명한 인물입니다. 그는 과학을 탄생시킨 인물이기 때문입니다.

세상의 본질을 탐구한 그리스 철학자들

자연철학이라는 이름에서 알 수 있듯이 탈레스와 밀레투스학파는 자연을 철학적으로 탐구했어요. 자연을 관찰하기만 하고 실험을 통한 증명은 하지 않았기에 오늘날의 과학적 탐구 방법과는 차이가 있습니다. 하지만 과학 역사에서 큰 의미가 있습니다.

제자1: 선생님, 세상은 누가 만들었나요?

탈레스: 중요한 것은 누가 만들었느냐가 아니야. 세상이 무엇으로 이루어져 있는지 밝히는 것이 더 중요해.

제자2: 올림포스의 신들이 만든 게 아닌가요?

탈레스: 아니야. 세상의 본질을 알기 위해서는 신을 빼고 생각할 필요가 있지.

탈레스는 세상의 모든 물질을 구성하는 본질이 무엇인지 고민했고, 그 과정에서 신의 존재는 과감하게 버렸습니다. 당시 그리스인들은 세상 모든 것이 신의 뜻대로 움직이고 만들어진다고 믿었습니다. 하지만 탈레스는 그러한 믿음의 틀을 깨고 "세상은 물로 이루어져 있다"라고 주장했습니다. 그가 오랜 관찰과 사색을 통해 얻은 결론이었습니다. 이집트 나일강의 삼각주를 관찰해 보면 마치 물에서 흙이 나오는 것처럼 보입니다. 또한 물은 증발하면 공기처럼 변하기도 합니다. 그래서 물이 세상이 본질이라고 여긴 것입니다. 그는 새로운 사고의 틀을 제시하며 최초의 철학자이자 과학자라는 칭호를 얻게 되었습니다.

세상이 무엇으로 이루어져 있는지 논한 철학자를 몇 명 더 살펴보겠습니다. 아낙시만드로스는 세상에 존재하는 물질의 본질은 하나로 정할 수 없고 경계도 없다고 생각해 우주의 근원을 '무한하다'는 의미를 지닌 '아페이론'이라고 주장했습니다. 아낙시메네스는 세상의 본질을 '공기'라고 주장했으며, 헤라클레이토스는 '불'이라고 여겼어요. 공기나 불이 압축되거나 희박해지면 다른 물질로 변할 수 있다고 봤던 것입니다. 흔히 수학자로 알려진 피타고라스는 물질에 깃든 수학 원리로 세상을 설명하려 했어요. 그는 자신이 밝혀낸 원리를 교리로 믿는 새로운 종교 집단을 만들기도 했습니다.

데모크리토스는 세상이 '원자'로 되어 있다고 여겼습니다. 만물을 계속 쪼개면 더 이상 나눌 수 없는 작은 입자인 원자가 된다고 설명했지요. 원자를 뜻하는 영어 단어 아톰^{atom}은 '더 이상 쪼갤 수 없다'라는 뜻의 그리스어 아토모스^{atomos}에서 나왔어요. 하지만 데모크리토스의 원자설은 받아들여지지 않았습니다. 그의 이론보다는 아리스토텔레스의 이론이 중세 유럽을 지배하게 됩니다.

금을 만들고 싶었던 연금술사들

기원전 4세기 무렵 소크라테스는 플라톤을 가르쳤고, 플라톤은 아리스토텔레스를 제자로 삼았습니다. 세 인물의 관계는 고대 그리스에서 가장 유명한 철학자 계보라고 할 수 있어요. 위대한 스승 밑에서 훌륭한 제자가 나온다는 것을 보여 주는 대표적 사례입니다. 그런데 세 사람 중에서 과학에 가장 많은 영향을 끼친 사람은 아리스토텔레스입니다.

아리스토텔레스는 엠페도클레스라는 철학자가 처음 제시한 '4원소설'에 주목했어요. 엠페도클레스는 물·불·흙·공기라는 4가지 원소가 만물을 이룬다고 주장했습니다. 그리고 세상은 4가지 원소가 다양하게 결합한 결과물이라고 생각했어요. 모든 물질은 저마다 지니고 있는 원소의 비율만 다를 뿐 원소 자체는 어디에서나 변하지 않는다고 여겼지요. 아리스토텔레스의 4원소설은 여기에서 한발 더 나아갔습니다. 아리스토텔레스는 따뜻함, 차가움, 건조함, 습함이라는 4가지 성질을 제시했습니다. 흙은 건조하고 차가운 성질을 지니고 있고, 불은 따뜻하고 건조한 성질을 가지고 있다고 설명했습니다. 그는 건조하고 차가운 흙이 따뜻한 성질을 가지면 불이 될 수 있다고 믿었습니다. 즉 4가지 원소에 4가지 성질을 조합해 한 원소를 다른 원소로 바꿀 수 있다고 주장한 것이지요. 이 이론은 '연금술'의 등장으로 이어졌습니다.

연금술은 값싼 금속을 이용해 금을 만드는 방법을 연구한 학문입니다. 오늘날 누군가 금을 인위적으로 만들 수 있는 방법이 있다고 이야기하면 아무도 믿지 않을 것입니다. 하지만 중세 시대에는 많은 사람이 금을 만들 수 있다고 믿었고 평생을 연금술에 바친 연금술사가 넘쳐 났습니다. 물리학의 대가인 아이작 뉴턴조차도 물리학보다는 연금술 연구에 더 많은 시간을 보낼 정도였어요. 연금술에 푹 빠진 사람들은 아리스토텔레스의 이론을 굳게 믿었습니다. 4가지 원소가 서로 전환될 수 있듯이 한 물질이 다른 물질로 바뀔 수 있다고 여겼던 거예요.

연금술은 과학적인 근거가 없는 사이비 과학입니다. '현자의 돌'은 값싼 금속을 금으로 바꿔 준다고 전해지는 신비

연금술은 근거가 없는 학문이지만 연금술사들의 열정적인 연구는 과학의 발전에 크게 기여했습니다.

한 돌이었습니다. 오늘날의 시선으로는 터무니없지만 이 돌을 찾아내기 위해 수많은 연금술사가 갖가지 실험을 했습니다. 직접 금을 만들어 부자가 되고 싶었던 것이지요. 많은 연금술사가 커다란 야망을 품고 실험에 뛰어들었지만 사기꾼으로 전락하거나 평생 연구만 하며 가난하게 살았습니다.

하지만 연금술을 별것 아닌 연구로만 치부해서는 곤란합니다. 실험 과학의 발전에 크게 기여했기 때문입니다. 연금술^{alchemy}이라는 단어에서 화학^{chemistry}이라는 용어가 유래했습니다. 중세 시대 연금술사의 작업실을 보면 근대의 화학 실험실과 비슷합니다. 앞서 설명했듯 자연철학자들은 관찰과 생각만으로 연구했습니다. 반면 연금술사들은 모든 것을 직접 실험해 봤어요. 그 과정에서 황산과 질산을 발견하기도 했습니다.

중세 유럽에서만 실험이 유행한 것은 아니에요. 중국과 인도, 중동에서도 많은 연구가 있었습니다. 화약도 중국 사람들이 연단술(불로장생의 약을 만드는 방법을 연구한 학문) 연구를 하다가 발명한 것이에요.

라부아지에가 발견한 질량 보존 법칙

연금술이 사라지고 근대 화학이 등장한 데는 프랑스의 화학자 앙투안 라부아지에의 공이 큽니다. 근대 화학의 아버지로 불릴 만큼 그의 업적은 탁월합니다. 프랑스 혁명의 소용돌이에 휘말려 단두대의 이슬로 사라진 비운의 과학자이기도 해요. 그는 어머니에게서 적지 않은 유산을 물려받았는데, 과학 연구를 위해서는 더 많은 돈이 필요했습니다. 그래서 세금을 징수하는 회사에서 일하며 필요한 자금을 마련했어요. 나중에는 그 업무로 대중의 미움을 사서 목숨을 잃지만요.

라부아지에가 활동한 18세기에도 연금술의 잔재는 남아 있었습니다. 당시 연금술사들은 용기에 물을 담아 오랫동안 계속 끓이면 나오는 찌꺼기를 물을 고체로 바꿀 수 있는 증거로 생각했습니다. 하지만 라부아지에는 달랐습니다. 그는 물과 용기의 질량을 정확하게 측정해 찌꺼기가 물이 아닌 용기 벽에서 나온 것임을 증명했습니다.

그는 1772년 실험을 통해 '질량 보존 법칙'을 발견했습니다. 화학 반응이 일어날 때, 반응 전 물질의 전체 질량은 반응 후 물질의 전체 질량과 같다는 것입니다. 그는 1789년 《화

질량과 무게는 어떻게 다른가요?

질량은 변하지 않는 물체의 고유한 양을 가리킵니다. 무게는 여기에 중력의 크기까지 더한 값이에요. 그래서 무게는 장소에 따라 값이 달라집니다. 달에서 물체의 무게를 재면 지구에서보다 적게 나오게 됩니다. 하지만 질량은 우주 어디에서도 변하지 않습니다.

라부아지에와 그의 부인을 그린 초상화입니다. 라부아지
에는 1772년 질량 보존 법칙을 발표하며 근대 화학의 토
대를 마련했습니다.

학개론》에서 이 법칙을 더욱 명확하게 설명했습니다.

과거 사람들은 질량 보존 법칙을 쉽게 납득할 수 없었습
니다. 나무가 타는 현상을 보세요. 아무리 봐도 질량이 보존
되는 것처럼 보이지 않지요. 나무가 타서 재만 남는데 어떻
게 질량이 그대로인 것일까요? 그건 나무를 구성하는 성분
이 공기 중으로 날아갔기 때문이에요.

$$(나무 + 산소)의\ 질량 = (재 + 수증기 + 이산화탄소)의\ 질량$$

재만 고체이고, 나머지는 공기 중으로 날아가는 기체가 됩니다. 따라서 수증기와 이산화탄소의 양을 고려하지 않으면 질량이 변했다고 잘못 생각하기 쉽습니다.

라부아지에의 업적은 이뿐만이 아니에요. 4원소설을 완전히 폐기하고 원소를 새롭게 정의했습니다. 그는 원소가 더 이상 분해되지 않는 성분이라고 설명했습니다. '원자론'이 등장할 수 있는 토대는 여기에서 마련되었어요.

세상은 원자로 되어 있다

원소와 원자는 비슷해 보이지만 다릅니다. 원소는 물질을 구성하는 성분의 종류이고, 원자는 물질을 구성하는 기본 입자입니다. 예를 들어 개 두 마리와 고양이 세 마리가 있으면 동물의 종류는 두 종류이며, 동물의 수는 다섯 마리입니다. 이때 두 종류에 해당하는 것이 원소이며, 다섯 마리에 해당하는 것이 원자입니다. 현재까지 발견된 원소의 종류는 118가지이며, 자연에 존재하는 원소는 90여 가지입니다. 나머지는 실험실에서 만든 인공원소랍니다.

앞서 소개했듯 원자론은 고대 그리스 시대에 처음 등장했어요. 그로부터 오랜 시간이 흐른 19세기에 영국의 화학자 존 돌턴은 질량 보존 법칙과 '일정성분비 법칙'을 설명하려면 물질이 작은 알갱이 단위로 되어 있어야 한다고 생각했습니다. 일정성분비 법칙은 1799년 프랑스 화학자 조제프 프루스트가 발표했습니다. 화합물을 구성하는 원소 사이에는 항상 일정한 질량비가 성립한다는 법칙이에요. 예를 들어 자전거 1대를 만들려면 몸체 1개와 바퀴 2개가 필요해요. 몸체가 1개라면 바퀴가 3개 있어도 자전거는 1대만 만들 수 있고 바퀴 1개는 남게 됩니다. 이처럼 화합물에도 규칙성이 존재합니다.

앞서 고대 그리스의 철학자 데모크리토스도 원자론을 주장했다고 했지요? 그래서 데모크리토스의 이론과 구분하기 위해 돌턴의 원자론을 '근대 원자론'으로 구분하기도 해요. 오늘날 원자론이라고 하면 보통 돌턴의 이론을 가리킵니다. 데모크리토스의 원자론은 실험을 통해 증명한 결과가 아니기 때문이에요. 단지 물질을 계속 쪼개면 결국에는 더 이상 나눌 수 없는 상태에 도달할 것이라는 관념을 제시했을 뿐입니다.

1803년 원자론을 발표한 돌턴도 원자가 있다는 직접적인 증거를 제시하지는 못했습니다. 그런데 그의 이론은 데모크리토스와 달리 질량 보존 법칙과 일정성분비 법칙을 뒷받침하는 중요한 이론이 되었습니다. 돌턴은 원자론을 발표하기 전 '배수비례 법칙'도 발표했어요. 두 종류의 원소로 2가지 이상의 화합물을 만들 때 화합물을 이루는 원소 사이에 간단한 정수비가 성립한다는 법칙입니다. 그는 선대 학자들과 자신의 실험 결과를 바탕으로 원자론을 주장할 수 있었던 것입니다.

아직도 돌턴이 어떻게 원자론을 떠올렸는지 쉽게 이해되지 않지요? 예를 한번 들어 볼게요. 사람들에게 물을 나눠주는 상황을 그려 보세요. 주전자에 있는 물을 컵에 나눠 준다면 다양한 방법이 있겠지요. 민수는 1컵, 미나는 1/2컵, 혜진이는 2/3컵 등등 일정한 규칙 없이 원하는 대로 나눌 수 있어요. 하지만 병째로 생수를 나눠 준다면 한 병, 두 병, 세 병 등 '병' 단위로밖에 나눠 줄 수 없어요. 3/2병으로 줄 수는 없지요. 원자가 기본 단위라면 물질도 원자 단위로 화합할 수밖에 없습니다. 돌턴은 이를 근거로 일정성분비나 배수비례 법칙이 성립한다고 생각한 것이랍니다. 질량 보존 법칙도 원자론으로 간단하게 설명할 수 있습니다. 화학 반응이 일어나면 물질을 구성하는 원자의 배열만 바뀔 뿐 종류와 개수에는 변화가 없습니다.

돌턴이 주장한 원자론을 요약하면 다음과 같습니다.

첫째, 모든 물질은 더는 쪼갤 수 없는 원자로 이루어져 있다.

둘째, 한 원소의 원자는 다른 원소의 원자와 크기와 모양이 다르다.

셋째, 원자는 새로 생겨나거나 사라지지 않고, 다른 원자로 변하지도 않는다.

원자론에 따르면 값싼 금속을 금으로 바꿀 수 없어요. 원자는 다른 원자로 바뀔 수 없기 때문이지요.

과학자들이 돌턴의 원자론을 처음부터 잘 받아들였던 건 아닙니다. 돌턴의 업적을 무시했다기보다 눈에 보이지도 않는 원자를 쉽게 믿을 수 없었기 때문입니다. 원자가 존재한다는 직접적인 증거가 없는데 무턱대고 믿을 수는 없었지요.

원자가 존재한다는 것을 처음으로 증명한 사람은 유명한 물리학자 알베르트 아인슈타인입니다. 아인슈타인 하면 흔히 상대성이론을 가장 먼저 떠올리겠지만 또 다른 중요한 업적이 있습니다. 바로 '브라운운동'을 이론적으로 설명한 것입니다. 브라운운동은 1872년 영국의 식물학자인 로버트 브라운이 현미경으로 꽃가루를 관찰하다가 발견한 현상입니다.

물 위의 꽃가루가 마치 살아 있는 듯이 이리저리 마구 움직이는 현상이 브라운운동입니다. 당시에는 꽃가루에 생명이 있다고 믿는 사람도 있었습니다. 하지만 아인슈타인은 이것을 물 '분자'의 열운동에 따른 것이라고 설명했습니다. 분자는 물질의 성질을 띄는 최소의 입자를 뜻해요. 여러 원자가 결합해 분자를 이루게 됩니다. 물 분자는 산소 원자 1개와 수소 원자 2개로 되어 있어요. 아인슈타인은 꽃가루에 수많은 물 분자가 충돌하면서 불규칙한 움직임이 생긴다는 사실을 수식으로 설명했습니다. 그가 논문을 발표한 후 3년이 지나서 프랑스의 물리학자 장바티스트 페렝이 실험으로 이를 증명했습니다. 이로써 물질은 원자와 분자로 되어 있다는 것이 입증되었어요.

원자 모형이 탄생하기까지

원자가 존재한다고 해도 여전히 풀리지 않는 문제가 있었습니다. 원자를 관찰할 방법이 없다는 것이었어요. 너무도 작은 원자의 모습은 어떻게 알아냈을까요? 눈으로 볼 수 없는 대상을 설명할 때 과학자들은 모형을 만듭니다. 물론 원자 모형은 한 번에 완성된 것이 아닙니다. 과학자들은 새로운 실험 결과가 나올 때마다 모형을 수정하면서 오늘날 우리가 알고 있는 원자 모형을 완성했습니다.

돌턴의 원자론 외에도 여러 이론이 나와 과학자들은 화학 반응과 관련한 규칙들을 더욱 잘 설명할 수 있게 되었습니다. 돌턴이 제시한 원자 모형은 오래가지 못했습니다. 그의 생각과 달리 원자가 쪼개질 수 있다는 것이 알려졌기 때문입니다.

돌턴은 원자가 당구공처럼 생겼을 거라 생각했지만 이는 실제 모습과 다릅니다. 과학자들은 원자가 당구공처럼 생기지 않았다는 것을 어떻게 알아냈을까요? 눈으로 직접 봤을까요? 그렇지는 않습니다. 원자는 맨눈으로 관찰할 수 없을 만큼 작습니다. 원자의 지름은 약 100억분의 1미터입니다. 아무리 배율이 높은 광학 현미경이 있어도 직접 볼 수 없을 만큼 작은 크기입니다. 만일 원자를 탁구공만큼 확대하면 탁구공은 지구만큼 커질 것입니다.

1897년 영국의 물리학자 조지프 톰슨은 음극선 실험을 통해 매우 작은 입자를 발견했습니다. 유리로 만든 진공관에 높은 전압을 걸어 주면 (-)극에서 (+)극으로 입자들이 흘러가는 현상이 생깁니다. 톰슨은 음극선 실험에서 나오는 이 빛의 정체가 (-)전하를 띤 입자의 흐름이라는 것을 입증했습니다. 그리고 이 입자의 이름을 전자라고 불렀어요. 원자 속에 전자가 들어 있다는 것이 밝혀지면서 돌턴의 원자 모형은 수정될 수밖에 없었습니다. 톰슨은 전자가 건포도 푸딩처럼 원자 속에 박혀 있는 새로운 모형을 제시했습니다.

원자 모형에 대한 탐구는 이게 끝이 아니라 시작이었습니다. 1911년 영국의 물리학자 어니스트 러더퍼드는 얇은 금박에 알파입자를 쏘는 실험을 했습니다. 알파입자는 양성자 2개와 중성자 2개로 된 헬륨 원자핵을 말해요. 이 실험을 '알

TIP

원자가 전자를 잃게 된다면

원자는 전기적으로 중성입니다. 그 이유는 (+)전하를 띤 원자핵의 양성자 수와 (-)전하를 띤 전자의 수가 같기 때문입니다. 만일 원자가 전자를 잃거나 얻게 되면 이온이 됩니다. 양이온은 원자가 전자를 잃어버려 (+)전하의 수가 더 많고, 음이온은 원자가 전자를 얻어 (-)전하의 수가 더 많습니다. 예를 들어 나트륨 이온(Na^+)은 나트륨 원자가 전자 1개를 잃은 양이온이며, 황화 이온(S^{2-})은 황 원자가 전자 2개를 얻은 음이온입니다.

파입자 산란 실험'이라 부릅니다. 만일 톰슨의 원자 모형이 옳다면 알파입자는 경로를 거의 그대로 유지하면서 금박을 뚫고 지나가야 했습니다. 하지만 실험 결과는 놀라웠습니다. 알파입자 대부분은 통과했지만 그중 일부가 마치 원자 내부의 큰 벽에라도 부딪힌 것처럼 튕겨서 경로가 바뀌어 버린 것입니다. 이는 원자 내부의 질량이 골고루 퍼져 있는 것이 아니라 가운데 모여 있다는 뜻이었습니다.

이 실험을 통해 원자핵의 존재가 드러났습니다. 원자핵은 원자 질량의 대부분을 차지하지만 원자 내부의 아주 작은 공간에 모여 있으며 전자와 반대인 (+)전하를 가지고 있습니다. 그래서 (+)전하를 가진 알파입자가 튕겨 나간 거예요. 이러한 실험 결과를 바탕으로 러더퍼드는 새 모형을 제시했습니다. 가운데 원자핵이 있고 그 주변을 전자가 돌고 있는 모형이었습니다. 원자력을 상징하는 아이콘으로 대중매체에 자주 등장해 익숙한 모양이에요.

그러나 러더퍼드의 모형도 문제가 있었어요. (+)전하와 (-)전하 사이에는 서로 끌어당기는 힘이 작용합니다. 그래서 (+)전하를 띤 원자핵 주변을 (-)전하를 가진 전자가 돌고 있다면 전자는 회전하면서 전자기파(빛)를 방출해 결국 원자핵과 충돌해야 해요. 또한 러더퍼드의 모형대로라면 이때 방

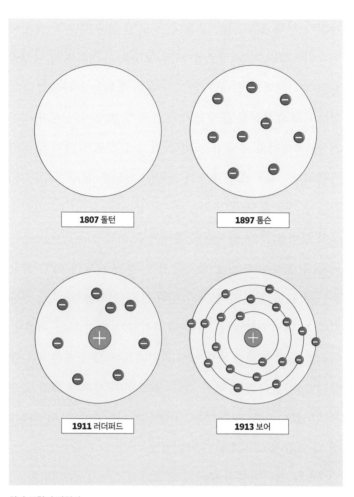

1807 돌턴

1897 톰슨

1911 러더퍼드

1913 보어

원자 모형의 변천사

출하는 전자기파는 무지개처럼 일곱 빛깔로 이어진 빛인 연속스펙트럼을 띠고 있어야 합니다. 하지만 실제로 전자는 원자핵과 충돌하지 않을 뿐만 아니라 띄엄띄엄 나오는 빛인 선스펙트럼을 방출합니다.

러더퍼드 모형의 모순을 해결한 사람은 덴마크의 물리학자 닐스 보어였어요. 1913년 보어는 행성이 일정한 궤도를 돌듯 전자도 정해진 경로만 돈다고 가정했습니다. 이를 '양자화'라고 해요. 전자가 원자 내부에서 아무렇게나 움직이는 것이 아니라 일정한 에너지 상태를 유지하는 특정한 궤도만 돈다는 것이었어요. 이렇게 하면 러더퍼드 모형이 가진 문제를 해결할 수 있었습니다.

보어 모형도 조금 수정되어 오늘날에는 원자핵 주위를 전자구름이 분포한 형태라고 본답니다. 돌턴의 당구공 모형에서 많이 변했지요?

지구의 운동

결정적 질문 ❷

지구는 세상의

중심일까?

오늘날에는 지구가 태양 주위를 돈다는 사실을 상
식으로 생각합니다. 여러분은 이 사실에 의심을 품
어 본 적이 없을 거예요. 지금은 이렇게 당연하게
받아들이는 사실을 과거 사람들은 언제부터 알아차
렸을까요? 태양이 지구 주변을 돈다는 천동설을 왜
수천 년 동안이나 믿었을까요? 우리만큼 똑똑하지
못해서였을까요? 그렇게 생각한다면 오산입니다.
지금부터 놀라운 과학적 발견을 하기까지 옛날 사
람들이 어떤 여정을 거쳤는지 따라가 봅시다.

하늘에는 무엇이 있을까?

지금으로부터 2,500년 전 고대 그리스로 여행을 떠나 봅시다. 양떼를 지키는 목동이 되어 들판에 있다고 상상해 보세요. 목동에게 양은 가족과도 같은 소중한 동물이었습니다. 들판으로 나갔을 때는 혹시나 양을 잃을까 봐 잠시도 한눈을 팔 수 없었지요. 저녁을 먹고 난 뒤 힘든 하루를 되돌아보며 휴식을 취하는 풍경을 상상해 봅시다.

따뜻한 모닥불을 한참 쬐던 어느 목동이 밤하늘을 쳐다보며 한 마디 던집니다.

"하늘에도 우리와 같은 목동들이 있겠지? 저기 보이는 반짝이는 불빛을 봐!"

그의 질문에 아마도 여러분은 "그건 우리 태양과 같은 별"이라고 대답하고 싶을 것입니다. 하지만 지금은 고대 그리스입니다. 옛날 사람들에게 그 사실을 어떻게 증명할 수 있을까요?

천문학은 고대 메소포타미아와 이집트에서 처음 생겨났습니다. 오늘날 머나먼 우주로 탐사선을 보내고 수십억 광년 떨어진 별도 관찰하는 천문학의 시작은 소박했습니다. 하늘에 무엇이 있는지 '관찰'하는 단순한 행위에서 시작되었습니다.

　옛날 사람에게나 지금의 우리에게나 하늘은 똑같이 보입니다. 낮에는 태양이 뜨고 밤에는 달과 별이 뜨지요. 고대 사람들이라고 해서 그걸 몰랐을 리 없습니다. 그들도 매일 태양이 뜨고 달의 모양이 변한다는 것을 알았습니다. 또한 늘 일정한 위치에 자리한 별이 있는 반면 그 사이를 바쁘게 움직이는 별이 있다는 사실도 알아차렸습니다. 움직이지 않는 별은 항상 고정되어 있다는 뜻에서 '항성'이라고 불렀고, 항성 사이를 움직이는 별은 '행성'이라고 불렀습니다. 이것만 해도 놀랍지 않나요? 여러분도 수많은 별 중에서 맨눈으로 행성과 항성을 구분해 내기란 쉽지 않을 것입니다.

　고대 메소포타미아와 이집트에서는 행성과 항성만 발견한 것이 아니라 **별자리**도 만들었습니다. 별자리는 세계 각 지역이나 민족마다 다양하게 만들어 냈습니다. 점처럼 보이는 별들을 상상력을 발휘해 다양한 방식으로 연결했습니다. 그들은 수많은 별을 보다가 황소, 사자, 전갈, 물고기와 같은 동물이나 천칭, 처녀 등 자신들이 일상에서 익히 봤던 친숙한 이미지를 떠올렸을 것입니다.

　고대 사람들은 단순히 하늘의 별을 관찰하는 데서 그치지 않았습니다. 그들은 하늘을 보고 '시간'이라는 개념을 만들

별자리는 몇 개일까?

동아시아의 역사 자료를 보면 서양의 그리스나 로마 신화에는 없는 독자적인 별자리가 있습니다. 조선 시대 별자리를 나타낸 〈천상열차분야지도〉에는 283개의 별자리가 표시되어 있습니다. 이렇게 각 지역마다 다른 별자리를 사용하면 천문학 연구에 혼란을 줄 수 있어 국제천문연맹에서는 1930년 별자리를 국제적으로 통일해 사용하기로 의견을 모았습니다. 공식적으로 별자리의 개수는 88개입니다.

어 냈습니다. 시간은 원래 존재하는 것인데 만들어 냈다는 것이 무슨 말일까 하는 의문이 들 수 있습니다. 그런데 여러분이 사용하는 시간의 단위를 생각해 보세요. 1시간부터 1일, 1개월, 1년에 이르기까지 일상의 시간 단위는 오래전 사람들이 천체의 변화를 관측해 만든 것입니다.

태양과 별을 관찰해 만든 달력

우리는 달력이나 시계와 같은 시간의 체계가 얼마나 오랜 세월에 걸쳐 많은 사람의 노력으로 만들어진 것인지 쉽게 잊습니다. 만일 달력이 없다면 새해가 시작되었다는 것을 어떻게 알 수 있을까요? 하루하루 날짜를 세어 365일까지 다다르면 1년이 지났다는 것을 알 수 있다고요? 그렇다면 1년이 365일이라는 사실은 누가 여러분에게 알려 줬나요? 최초로 달력을 만든 사람들은 어떻게 1년을 365일로 나누겠다는 생각을 했을까요? 다시 한번 고대인의 입장이 되어 보세요. 이는 인류가 만든 과학의 위대함을 제대로 이해하고 느끼는 좋은 방법입니다.

오늘날 우리가 사용하는 날짜 체계는 고대 이집트인들에게서 시작되었습니다. 그들은 1년을 12개월로 나누고 1개월을 30일로 정했습니다. 그렇다면 그들은 1년이 지난 시점을 어떻게 알아냈을까요? 태양은 특별한 관측 도구 없이도 가장 쉽게 관측할 수 있는 천체입니다. 누구나 하루만 관찰하면 태양이 매일 뜨고 진다는 것을 쉽게 알 수 있지요. 1일, 즉 하루라는 개념은 인간이 시간을 인식하는 출발점이었습니다. 다만 고대 이집트 사회에서 1일은 정확하게 24시간을 뜻하지는 않았고, 단지 태양이 뜨고 지는 시간이었습니다. 태양이 뜨고 지는 시간은 계절에 따라 변합니다. 하루가 24시간이라는 것을 파악하려면 태양이 같은 위치까지 오는 데 걸리는 시간을 정확하게 측정해야 합니다. 과거 사람들이 하루를 24시간으로 정한 것은 나중의 일입니다.

그다음으로 살펴보기 쉬운 것은 달의 변화였습니다. 손톱 끝부분만큼 작았던 달은 30일이 지나면 원래와 같은 둥근 모양이 됩니다. 고대 사람들은 30일을 주기로 달의 모양이 같아지는 현상을 어렵지 않게 관측할 수 있었습니다. 바꾸어 말해 태양이 30번 뜨고 지면 달은 다시 모양이 같아진다는 규칙성을 알아챈 것이지요. 이는 천문학의 시작이며, 문명의 출발점이기도 합니다.

이어 이집트인들은 1년이라는 개념을 만들어 냈습니다. 1년의 주기성을 찾는 일은 농사를 짓기 위해서도 필요한 일이었습니다. 1년마다 되돌아오는 계절에 맞춰 씨를 뿌려야 했기 때문이지요. 그들은 한 해의 시작을 '시리우스'라는 별을 기준으로 정했습니다. 시리우스는 -1.5등성의 별로 하늘에서 가장 밝은 별입니다. 찾기도 쉬웠지요. 시리우스가 동쪽 하늘에서 태양이 떠오르기 직전에 나타나면 나일강의 물이 불어나기 시작했습니다. 강 주변에서 농사를 짓는 사람들은 강물이 언제 불어나고 범람하는지 시리우스를 관측해 알아냈습니다.

그들은 1년을 4계절로 나누지 않았습니다. 강물이 범람하는 시기, 파종하는 시기, 작물을 수확하는 시기인 3개 계절

나일강 주변에서 농사를 지은 고대 이집트인들은 강물이 언제 불어나고 범람하는지 시리우스를 관측해 알아냈습니다.

로 구분했습니다. 그리고 각 계절을 4개의 달로 나누어 1년을 12개월로 구분했습니다. 그런데 이렇게 하면 1년의 길이가 360일이 되어 다음 주기와 차이가 생겨서 5일을 추가해 365일로 맞췄습니다. 이렇게 해도 역시 4년이 지나면 하루의 차이가 생겼습니다. 그래서 4년마다 하루를 추가해서 시리우스가 하늘에 뜨는 시기를 정확하게 맞춰 나갔습니다. 이것이 이집트의 달력입니다.

1년은 365일일까?

흔히 1년은 365일이라고 생각합니다. 그런데 정확하게 365일이라면 4년마다 한 번씩 찾아오는 윤년도 필요 없습니다. 고대 이집트에서는 달력에 윤년까지 추가할 만큼 정확한 천문 관측이 이뤄지고 있었습니다. 이 이집트의 달력을 참고해 로마의 카이사르가 만든 달력이 '율리우스력'으로, 오늘날 달력의 기원입니다.

윤년은 왜 생기는 것일까요? 우선 하루와 1년이 아무런 상관이 없다는 것부터 알아야 합니다. 앞에서 이야기했듯 고대 사람들에게 하루는 해가 떴다가 다시 같은 위치에 오는 데 걸리는 시간입니다. 그렇다면 1년은 어떤 시간일까요? 1년은 태양이 천구(지상에서 관측자에게 둥글게 보이는 반구 형태의 밤하늘)의 별자리 사이를 지나서 원래의 자리로 오는 데 걸리는 시간을 말합니다. 다른 말로 춘분점을 지나 다시 춘분점으로 돌아오는 시간이라고 할 수 있습니다. 이것을 '1태양년'이라고 부릅니다. 따라서 1일과 1년은 서로 아무런 관련이 없습니다. 새해가 0시부터 시작되는 것은 달력을 일상생활에 맞췄기 때문입니다. 예를 들어 새해가 오전 6시, 오후 3시 등으로 매해마다 다르게 시작한다면 불편하므로 몇 년마다 하루를 더해 1년의 길이를 맞춘 것입니다.

태양이 천구의 별자리 사이를 지나가는 길을 '황도'라고 부릅니다. 황도에 대한 최초의 기록은 고대 바빌로니아의 유물에서 발견되었습니다. 고대 바빌로니아인들은 황도에 있는 12개의 별자리를 '황도 12궁'이라고 불렀습니다. 1태양년은 태양이 황도 12궁을 지나 원래의 자리로 돌아오는 기간입니다. 그들은 1태양년을 기준으로 같은 날짜에 씨를 뿌리고, 물을 대고, 수확을 할 수 있었습니다.

고대 바빌로니아의 놀라운 관측 기술은 여기서 끝나지 않습니다. 그들은 망원경과 같은 관측 도구가 없었는데도 '삭망월'의 주기를 정확하게 알고 있었습니다. 삭망월은 달이 보름달이 된 때부터 다음 보름달이 될 때까지의 기간을 뜻해요. 맨눈으로 이를 정확하게 측정하려면 매우 오랜 시간에 걸쳐 꾸준하게 달의 모양을 관측해야 합니다. 정말 놀랍지요?

점성술과 천문학은 어떤 차이가 있을까?

고대 사람들은 하늘의 변화를 열심히 관찰했습니다. 하늘의 움직임이 단순히 흥미로운 현상이 아니라 신의 계시라고 생각했기 때문입니다. 하늘의 모든 움직임에는 이유가 있으며, 그 움직임을 알면 지상에서 어떤 일이 일어날 것인지 예측할 수 있다고 믿었습니다.

그들이 하늘을 관찰해 보니 신비한 현상이 많았습니다. 행성의 움직임이나 일식과 월식, 하늘을 가로지르는 혜성 등이 보였습니다. 신들의 계시를 받는 신관은 그러한 천문 현상을 해석하는 능력이 있는 사람이었습니다. 신관들은 점성술로 신의 뜻을 사람들에게 전달하고 미래를 예언했습니다.

고대 그리스의 점성술사들은 지구와 가까운 행성 5개에 중요한 신들의 이름을 붙였습니다. 행성은 신들의 뜻을 나타내므로 자세히 관측해야 할 대상이었습니다. 행성은 별자리 사이에서 계속 위치가 변하고 때로는 색이 더 진하게 보이기도 했습니다.

수성은 전령의 신 헤르메스(머큐리), 금성은 아름다움의 신 아프로디테(비너스), 화성은 전쟁의 신 아레스(마르스), 목성은 번개의 신 제우스(주피터), 토성은 제우스의 아버지인 크로노스(로마에서는 농경의 신 사투르누스의 이름을 붙였는데 이는 영어식으로 새턴이 되었어요)를 상징했습니다.

신관들은 어마어마한 양의 천문 관측 기록을 남겼습니다.

고대 그리스에서는 지구와 가까운 행성 5개에 중요한 신들의 이름을 붙였습니다. 행성은 신의 뜻을 나타내므로 자세히 관측해야 할 대상이었습니다.

천체가 어떤 이유로 움직이는지는 몰랐지만 꾸준한 관측 결과를 토대로 이동 경로와 시기를 정확하게 예측할 수 있었습니다. 일식과 월식의 정확한 원리는 몰랐지만 언제 반복되는지는 잘 알았습니다. 고대 바빌로니아에서는 일식과 월식의 주기를 '사로스 주기'라고 불렀습니다.

하지만 시간이 흐르자 신들의 세계에서 벗어나려 한 천문학자들이 등장했습니다. 그들은 행성을 비롯한 천체의 움직임을 과학적으로 설명하려고 한 사람들입니다.

우주의 중심이 지구라는 오래된 생각

다시 한번 하늘을 바라봅시다. 하늘에서는 구름이 움직이고 태양, 달, 별이 뜨고 집니다. 모든 것이 지구에 있는 나를 기준으로 움직이는 듯 보입니다. 그래서 과거 사람들은 평평한 땅 위에 반구 모양의 천구가 있고 우주는 지구를 중심으로 움직인다고 생각했습니다.

앞서 소개했듯 초기 천문학은 점성술이나 종교와 뒤섞여 있었습니다. 그러다가 고대 그리스에서 천문 현상을 철학적으로 탐구하기 시작했습니다. 그리스 철학자들은 수학을 동원해 천문 현상을 파악함으로써 과학으로서의 천문학에 가까워졌습니다.

그리스 사람들은 달이 다른 별보다 지구에 가깝다는 것을 알아챘습니다. 별이 달에 가리는 현상을 보고 내린 결론이었어요. 그들은 지구와 각 천체 간의 거리를 천체들의 이동 주기로 가늠했습니다. 삭망월은 29일로 주기가 가장 짧았으니 달이 가장 지구에 가깝다고 생각했습니다. 그다음은 태양이었습니다. 태양은 1년마다 다시 원래의 위치로 돌아왔기 때문이지요. 화성·목성·토성도 주기가 긴 행성 순으로 지구에서 멀리 떨어져 있을 것이라 생각했습니다.

그리스의 철학자인 아리스토텔레스는 해박한 천문학 지식을 지니고 있었습니다. 그는 지구가 둥글다는 사실을 논리적으로 설명했습니다. 월식 때 달에 나타나는 지구 그림자가 둥글다는 것, 북쪽이나 남쪽으로 이동하면 별의 고도가 달라진다는 것, 멀리서 오는 배가 돛대부터 보이는 현상 등을 증거로 내세웠어요. 또한 지구를 중심에 둔 원 형태의 궤도 7개를 따라 천체들이 움직인다고 주장했습니다.

아리스토텔레스와 함께 지구중심설을 체계화한 사람은 고대 그리스의 천문학자이자 수학자인 프톨레마이오스였습니다. 그는 행성의 운동을 설명하기 위해 아리스토텔레스의 행성 궤도 위에 '주전원'이라는 작은 원 궤도를 수십 개 그려 넣어 외행성이 가다가 멈추거나 뒤로 가는 것처럼 보이는 현상을 설명했습니다.

그런데 놀랍게도 고대 사람들이라고 해서 모두 지구가 세상의 중심이라고 생각한 것은 아닙니다. 기원전 3세기 아리스타르코스는 '태양중심설'을 주장했습니다. 아리스타르코스는 지구에서 달과 태양을 관측한 다음 삼각비를 이용해 달과 태양의 크기를 측정했습니다. 그가 측정한 달의 부피는 지구의 25분의 1(실제는 48분의 1)이었고 태양은 지구의 300배(실제는 130만 배)였습니다. 오늘날의 측정값과는 다르지만 지구와 태양 중 어느 것이 우주의 중심인지도 모르던 시절이라는 것을 생각하면 매우 놀라운 발견입니다. 그는 코페르니쿠스의 지동설이 등장하기 1,800년 전에 이미 지동설을 주장한 인물이었습니다.

코페르니쿠스적 전환은 무엇일까?

태양중심설을 주장한 아리스타르코스가 풀지 못한 문제가 하나 있었습니다. 만일 태양이 중심에 있고 지구가 그 주위를 공전한다면 별의 '연주시차'를 관측할 수 있어야 합니다. 연주시차는 지구가 공전하면서 위치가 변하면 별의 위치가 상대적으로 다르게 보이는 현상입니다. 지구에서 별까지의 거리가 가까울수록 연주시차가 커집니다. 그런데 지구에서 가장 가까운 별인 센타우르스자리 알파별의 연주시차는 겨우 0.76초밖에 되지 않습니다. 각도기의 작은 눈금 한 칸이 1도이며 그 값의 3,600분의 1이 1초입니다. 지구에서 가장 가까운 별의 연주시차 값이 이렇게 작으니 애초에 맨눈으로 이를 찾아낸다는 것은 불가능했습니다. 당시에는 이러한 이유를 알지 못했으니 아리스타르코스는 왜 연주시차를 관측할 수 없는지 설명하지 못했습니다.

중세 시대에 들어서자 유럽 사회에서 교회의 권위는 하늘을 찌를 듯 높아졌습니다. 그래서 교회가 받아들인 아리스토텔레스 이론의 영향력도 커졌어요. 아리스토텔레스는 동그라미를 완전무결함을 나타내는 도형이라고 믿었습니다. 그는 철학적 신념에 따라 우주의 모양과 천체들은 완벽한 구형이며 천체도 원운동을 한다고 생각했습니다. 이러한 그의 생각은 지구중심설과 더불어 중세 종교의 철학적 바탕이 되어 강력하게 신봉되었습니다. 아리스토텔레스의 이론이 단순히 종교적 권위에만 기대어 강력해진 것은 아닙니다. 일상적인 경험과도 일치했기에 쉽게 퍼져 나갈 수 있었습니다. 행성의 운동을 더 정확하게 설명하는 아리스타르코스의 태양중심설은 아쉽게도 중세 시대에 접어들면서 거의 잊혔습니다.

16세기 유럽에서 교회의 권력은 막강했습니다. 정확한 달력을 만들 필요성을 느낀 교황은 이 작업을 폴란드의 어느 무명의 천문학자에게 의뢰했습니다. 그가 바로 니콜라우스 코페르니쿠스였습니다. 코페르니쿠스는 아리스토텔레스와 달리 천문학 연구를 위해 관측과 수학이라는 과학적 도구를 사용했습니다. 그러다가 아리스토텔레스에 반기를 드는 새로운 생각에 도달했어요. 그가 조심스럽게 내놓은 이론은 태양중심설 즉 '지동설'이었습니다.

프톨레마이오스의 지구중심설로 행성의 운동을 설명하자니 각 행성의 궤도가 너무 복잡했습니다. 주전원이 90여 개나 필요했으니까요. 코페르니쿠스는 실제 관측 결과와 일치하게 만드는 데 그렇게 많은 주전원이 필요하다는 것을 이상하게 생각했습니다. 그는 관측과 일치하면서도 좀 더 단순한 형태의 새로운 궤도를 찾기 시작했고, 지구중심설을 버리면 지구에서 관측되는 천체들의 운동을 명료하게 설명할 수 있다는 것을 깨달았습니다. 코페르니쿠스는 1510년에 행성의 운동에 관한 새로운 생각을 떠올리고 짧은 해설서를 펴내기도 했습니다. 하지만 교회에 몸담고 있는 처지에 사람들에게 받을 비난이 두려웠던 것 같습니다. 그가 자신의 생각을 체계적으로 정리한 책《천구의 회전에 관하여》는 그가 죽은 해에야 세상에 나왔습니다.

코페르니쿠스는 천체가 원운동을 한다는 아리스토텔레스의 이론을 그대로 받아들였습니다. 그래서 언뜻 보면 프톨레마이오스의 생각과도 비슷하게 보였습니다. 하지만 결정적으로 다른 점이 있었습니다. 우주의 중심에 지구가 아니라 태양이 있다고 생각했다는 점입니다. 인간중심주의를 과감하게 버린 이 혁신적인 생각을 '코페르니쿠스적 전환'이라고 부릅니다. 중세 시대에는 신이 지구에서 인간을 창조했으니 지구가 우주의 중심이 되는 것이 당연하다고 믿었습니다. 그 믿음이 과학의 발전을 가로막았어요. 코페르니쿠스는 종교의 관점에서 벗어나 객관적인 과학 탐구의 길을 열었습니다. 그의 태양중심설은 이론적으로 완벽하지는 않지만 이후 등장하는 과학자들이 새로운 연구를 할 수 있는 발판을 만들었다는 데 의의가 있습니다.

그렇다면 코페르니쿠스는 연주시차를 측정할 수 있었을까요? 그렇지는 않았습니다. 하지만 지구의 공전 궤도에 비해 우주가 너무 거대하므로 연주시차를 측정할 수 없다는 합리적인 대답을 내놓았습니다.

타원형 궤도를 제시한 케플러

코페르니쿠스가 완전히 새로운 생각을 발표했지만 교회는 의외로 조용했습니다. 그의 이론을 달력을 만드는 데 도움이 되는 수학이라고만 여겼습니다. 코페르니쿠스의 이론이 지닌 수학적 정확성과 간결함만 파악하고 그 속에 담긴 혁명적인 사고방식은 이해하지 못해서 나온 반응이었습니다. 오히려 그의 생각을 비난한 쪽은 오랜 전통의 가톨릭교회가 아니라 종교개혁을 이끈 루터파였습니다. 낡은 관습을 과감히 타파할 것을 주장한 루터파가 혁신적인 생각을 받아들이지 못하고 비난했다니 의외지요? 그들은 성경에서 설명하는 그대로 우주를 이해하기를 원했습니다.

그러나 성경의 천지창조 이야기를 그대로 믿기 어려워지는 사건이 벌어졌습니다. 바로 '신성'의 관측이었습니다. 신성은 지구에서 그동안 보이지 않다가 새롭게 나타나 밝게 빛나는 별입니다. 성경에 나온 대로라면 우주가 창조될 때 별은 이미 모두 만들어졌으므로 새롭게 등장할 수 없습니다. 하지만 1572년 신성이 관측되면서 성경에 바탕을 둔 우주론은 흔들릴 수밖에 없었습니다.

우주가 완전하고 변화하지 않는다는 아리스토텔레스의 생각에 반박한 또 다른 인물로는 네덜란드의 천문학자 티코 브라헤가 있습니다. 브라헤는 덴마크 왕의 지원을 받아 성처럼 생긴 거대한 천문대를 운영하고 있었습니다. 망원경은 없었지만 맨눈 관측으로는 당시 유럽 최고의 전문가였습니다. 그는 신성이나 혜성이 달과 지구 사이가 아니라 그보다 멀리서 나타난다는 것을 증명했습니다. 관측이 가장 좋은 천문학 연구 방법이라 믿고 방대한 관측 자료를 수집한 인물이었지만, 안타깝게도 코페르니쿠스의 태양중심설을 받아들이지는 못했습니다. 브라헤가 남긴 많은 자료를 가지고 태양중심설을 더욱 정확하게 보완한 인물은 브라헤의 조수 요하네스 케플러였습니다.

그가 3가지 케플러의 법칙을 발견하는 데는 브라헤가 남긴 관측 자료의 도움이 컸습니다. 아무리 수학 실력이 뛰어나도 관측 자료 없이는 행성 운동의 법칙을 찾지 못했을 것입니다. 또 다른 흥미로운 사실은 케플러가 점성술사기도 했다는 점입니다. 그에게 점성술은 생계를 위한 부업이었어

케플러의 법칙

행성 운동에 관한 케플러의 법칙은 3가지로, 각각 타원 궤도의 법칙, 면적 속도 일정의 법칙, 조화의 법칙으로 불립니다.

제1법칙(타원 궤도의 법칙): 행성은 태양을 초점으로 하는 타원 궤도를 따라 공전한다.

제2법칙(면적 속도 일정의 법칙): 행성과 태양을 연결하는 직선이 일정 시간 동안 지나간 면적은 같다.

제3법칙(조화의 법칙): 행성이 공전하는 주기의 제곱은 궤도의 장반경의 세제곱에 비례한다.

요. 그는 행성의 움직임에 어떤 조화로운 규칙이 숨어 있을 것이라 굳게 믿고 연구한 끝에 법칙을 찾을 수 있었습니다.

피타고라스학파가 우주는 수로 이루어져 있다는 신비주의적인 신념을 지니고 있었듯이 케플러도 천구의 운행이 음악처럼 규칙적이라고 믿었습니다. 다만 그가 보통의 점성술사나 종교인과 달랐던 점은 우주의 신비를 벗겨내는 데 수학과 관측이라는 과학적 도구를 사용했다는 점입니다.

요즘에는 정확한 데이터만 있으면 새로운 규칙을 찾는 것이 어렵지 않지만 케플러가 활동한 시대에는 일일이 직접 계산해야 했습니다. 그는 놀라운 의지로 계산을 되풀이한 끝에 화성의 궤도가 원이 아니라 타원 형태라는 것을 밝혀냈습니다. 그가 계산해 보니 나머지 행성의 궤도도 타원이었어요. 케플러의 의지가 대단하다고 한 것은 화성의 이심률이 겨우 0.1 정도밖에 안 되기 때문입니다. 쉽게 말해 여러분이 종이 위에 화성의 궤도를 그린다면 길쭉한 타원형보다 원형으로 그린 것이 실제 모양에 더 가깝다는 뜻입니다.

케플러의 타원형 궤도를 바탕으로 행성의 운동 모형은 훨씬 더 실제 관측 결과와 가까워졌습니다. 그런데 케플러는 행성이 어떻게 운동하는지는 알아냈지만 그 이유는 설명하지 못했어요. 이는 갈릴레이를 거쳐 뉴턴의 연구에 이르러 밝혀졌습니다.

종교 재판을 받은 갈릴레이

이탈리아의 물리학자 갈릴레오 갈릴레이는 케플러보다 7년 먼저 태어났습니다. 두 사람은 서슬 퍼런 교회의 권위에 눌려 지동설을 함부로 주장할 수 없는 시대에 살았습니다. 그런데 우리는 갈릴레이를 지동설을 주장하며 교회에 맞선 학자로 기억합니다. 왜일까요?

케플러는 갈릴레이가 망원경을 발명하기 전에 이미 달의 모습을 상상하고 1609년에 우주여행을 다룬 최초의 SF소설인 《꿈》을 썼습니다. 그는 계산을 통해 지동설이 옳다는 것을 확신했지만 그 생각을 함부로 발표하지 않았습니다. 다만 《꿈》에서 달에 사는 사람들이 지구가 뜨고 진다고 여기는 장면을 묘사했습니다. 지구에서는 태양이 뜨고 지는 것으로 보이지만 사실은 지구가 태양 주위를 돈다는 사실을 전제로 한 글이었어요. 그는 당시 어리석은 대중에게 자신의 생각을 전하기 위해 이 소설을 썼습니다. 그런데 그의 소설 때문에 어머니 카타리나 케플러가 마녀로 몰려 재판을

당하게 되었습니다. 케플러가 최선을 다해 변론한 끝에 다행히 어머니는 풀려났습니다. 하지만 75세의 어머니는 감옥에 갇혀 고생한 탓에 풀려난 직후 사망했고, 케플러도 몇 년 뒤 굶고 병들어 죽었습니다.

갈릴레이도 케플러와 마찬가지로 코페르니쿠스의 태양중심설을 지지했습니다. 그런데 케플러가 갈릴레이에게 지지를 보낸 반면 갈릴레이는 그를 무시했어요. 두 사람은 지동설을 입증하는 방식이 달랐습니다. 케플러가 계산을 바탕으로 지동설이 옳다는 데에 도달했다면, 갈릴레이는 손수 만든 망원경으로 하늘을 직접 관측해 지동설이 옳다는 것을 증명했습니다. 그가 망원경으로 발견한 것으로는 오늘날 갈릴레이의 위성으로 불리는 목성의 4개 위성, 금성의 위상 변화, 달의 분화구와 태양의 흑점 등이 있습니다.

갈릴레이의 관측은 아리스토텔레스의 이론에 치명타를 가했습니다. 아리스토텔레스는 달이 완벽한 구형이라고 했는데, 갈릴레이가 망원경으로 살펴보니 달의 표면은 지구처럼 울퉁불퉁했습니다. 매끈하고 흠집이 전혀 없을 것이라 여겨 온 태양에는 흑점이 있었습니다. 이 흑점은 수성이 지나간 흔적이 아니었어요. 또한 지동설로는 금성이 왜 달처럼 모양이 변하는지 설명할 수 있었습니다. 하지만 천동설

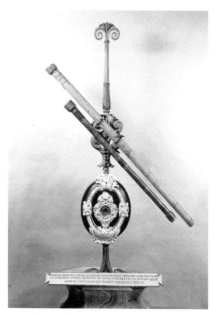
갈릴레이는 손수 만든 망원경으로 하늘을 관측해 지
동설이 옳다는 것을 증명했습니다.

로는 그러한 금성의 위상 변화를 설명할 수 없었습니다.

케플러는 수학적으로 행성 운동을 설명하고 갈릴레이는
실제 관측 결과를 제시했지만 천동설은 쉽게 폐기되지 않
았습니다. 가톨릭교회에서 지동설을 교회의 권위에 대항하
는 이단적 행위로 못 박아 탄압했기 때문입니다. 갈릴레이
는 이러한 사회적 분위기 속에서 자칫 죽을 수도 있다는 것
을 알고 주장을 꺾었습니다. 그는 종교 재판까지 받았는데,

당시 이미 늙고 병들어 있었던 데다 재판에서 자신의 주장을 철회했으므로 처형은 면했습니다.

재판을 받고 나오면서 갈릴레이가 "그래도 지구는 돈다"라고 중얼거렸다는 일화가 전해집니다. 그런데 정말 그랬다는 증거는 사실 없습니다. 아마도 교회에 맞선 갈릴레이의 순교자적 면모를 돋보이게 하려고 후대 사람들이 만들어 낸 이야기일 것입니다. 그가 받은 종교 재판에 대해서도 다양한 해석이 존재합니다. 단순히 과학에 대한 교회의 탄압이 아니라 다양한 정치적·사회적 맥락이 연결된 복합적인 문제로 봐야 한다는 것입니다.

어쨌든 코페르니쿠스와 케플러, 갈릴레이는 과학이 종교의 틀에서 벗어나는 길을 열어 주었습니다. 그 덕에 후배 과학자들의 연구가 이어졌고, 1992년에 이르자 드디어 로마 가톨릭교회에서는 종교 재판의 잘못을 시인하고 지동설을 인정하게 되었습니다.

물체의 운동

결정적 질문 ③

무거우면

더 빨리 떨어질까?

활을 쏘면 화살이 날아가고, 절벽 밑으로 돌을 굴리면 그 돌은 아래로 떨어집니다. 하늘에서는 태양과 달이 움직이고, 바람이 불면 나뭇잎이 날아가지요. 만물은 왜 운동하는 것일까요? 인류는 오래전부터 물체의 움직임에 호기심을 품었습니다.

'무거운 물체와 가벼운 물체를 동시에 떨어트리면 어떻게 될까?' 이 질문은 별것 아닌 것 같지만 힘은 무엇인가에 대한 탐구의 시작이 되었습니다. 최초의 대답은 아리스토텔레스가 내렸습니다. 이후 인류가 제대로 된 답을 찾는 데는 2,000년 이상의 많은 시간이 필요했어요.

아킬레우스와 거북이의 경주

  우리는 운동하는 물체를 눈으로 쉽게 구분할 수 있다고 생각합니다. 고대 사람들도 그렇게 생각했습니다.

  그런데 고대 그리스 철학자 중에는 물체가 운동하는 것처럼 보이지만 그것은 환상일 뿐 실제로는 운동하지 않는다는 이상한 논리를 펴는 사람들이 있었습니다. 엘레아 지방에서 활동한 파르메니데스와 그의 제자인 제논이라는 철학자였습니다. 파르메니데스는 "물체의 운동은 환상이다"라고 주장했어요. 물이 흐르고 나뭇잎이 떨어지는데도 아무런 변화가 없다고 하니 사람들은 그의 생각을 받아들이지 않았어요.

  제논은 스승을 변론하기 위해 운동과 관련한 이상한 역설을 펼쳤어요. 그중에 가장 유명한 것이 '아킬레우스와 거북이의 경주'입니다. 제논의 이야기를 한번 들어 보세요.

  제논: 영웅 아킬레우스와 거북이의 경주를 생각해 보세. 누가 이기겠는가?

  친구: 당연히 빨리 달리는 아킬레우스가 이기겠지.

  제논: 물론 같이 출발하면 아킬레우스가 이기겠지. 그렇다면 거북이가 아킬레우스보다 100미터 앞에서 출발하면

누가 이기겠는가?

친구: 아킬레우스가 거북이를 따라잡을 테니 아킬레우스가 이기겠지.

제논: 아킬레우스가 거북이를 따라잡기 위해 절반 거리를 달리면 거북이도 조금은 앞으로 나가겠지?

친구: 조금은 그렇겠지.

제논: 또다시 아킬레우스가 남은 거리의 절반을 달리면 거북이는 또 조금 앞으로 나가겠지?

친구: 그렇겠지.

제논: 아무리 아킬레우스가 남은 거리의 절반을 달려 거북이와 거리가 가까워지더라도, 거북이는 그보다 조금은 앞에 있겠지?

친구: 그렇겠지.

제논: 그렇다면 아킬레우스가 열심히 달려봤자 거북이와 거리가 가까워질 수는 있어도 결코 거북이를 따라잡을 수는 없지.

실제 경주하면 당연히 아킬레우스가 이길 것입니다. 그런데 왜 이런 결론이 나오는 걸까요? 별것 아닌 것 같지만 이 문제에 대한 답을 제대로 증명하려면 뉴턴이 등장할 때까지 기다려야 했습니다. 뉴턴의 '미분'이라는 수학이 필요했기 때문이지요. 속력이 빠른 물체는 아주 짧은 시간 동안에도 긴 거리를 움직입니다. 물체의 운동을 계산할 때는 거리뿐만 아니라 시간도 같이 생각해야 해요. 아킬레우스가 1초동안 움직인 거리는 거북이보다 깁니다. 따라서 시간이 조금 지나면 아킬레우스가 거북이를 이기게 되는 것이지요.

물체는 왜 움직일까?

그리스 철학자들은 물체가 왜 움직이는지 밝히려 고민했습니다. 엠페도클레스는 물체가 '사랑과 미움' 때문에 움직인다고 봤습니다. 오늘날의 과학 용어로 바꾼다면 사랑은 끌어당기는 힘인 '인력'이고 미움은 미는 힘인 '척력'쯤이라고 할 수 있겠네요. 당시 사람들은 엠페도클레스처럼 사물에 영혼이 들어 있다고 생각했기 때문에 친숙한 감정을 근거로 든 엠페도클레스의 설명은 이해하기 쉬웠습니다.

아리스토텔레스는 물체의 운동을 기동자^{mover}라는 개념으로 설명했습니다. 기동자를 말 그대로 해석하면 '운동을 일으키게 하는 것'입니다. 힘과 비슷하다고 생각할 수 있지만 다른 개념입니다. 아리스토텔레스는 기동자가 물체의 내부에 있으면 '자연 운동'이라고 했고, 물체 밖에 있으면 '강제 운동'이라고 불렀습니다. 이 개념은 중세 유럽 과학에 큰 영향을 끼쳤습니다.

물체를 떨어트리면 낙하하는 이유는 무엇일까요? 아리스토텔레스는 물체가 지구 중심으로 가려는 성질이 있기 때문이라고 설명했습니다. 예를 들어 흙이나 돌과 같은 무거운 물체는 지구 중심으로 가려는 자연스러운 성질이 있으므로 위에서 아래로 떨어지는 자연 운동을 한다고 했습니다. 하늘에 있는 천체도 기동자가 내부에 있는 자연 운동을 한다고 생각했습니다.

강제 운동은 지상에 있는 물체를 외부의 기동자가 움직여서 생기는 운동입니다. 활시위를 벗어난 화살이 날아가고 던진 돌이 날아가는 것은 외부의 기동자 때문에 일어나는 강제 운동입니다. 아리스토텔레스는 활시위에서 화살이 이동하면서 화살 뒤쪽이 진공이 되면 앞에 있는 공기가 진공을 메우기 위해 화살을 밀게 된다고 설명했어요. 아리스토텔레스는 "자연은 진공을 싫어한다"라는 유명한 말을 남겼습니다. 물체가 날아가는 것은 공기가 진공을 채우기 위해 물체를 밀기 때문이라고 했어요.

돌과 깃털을 떨어트리면 돌이 먼저 떨어지지요. 아리스토 텔레스는 돌이 원래 위치를 찾아가려는 성질이 더 강하기 때문이라고 했어요. 그럴듯하고 이해하기 쉬운 설명이지요? 그러나 여러분은 이해하기 쉽다고 해서 모두 옳은 설명은 아니라는 것을 명심해야 합니다.

눈에 보이지 않는 힘을 제대로 정의한다는 것은 참 어려운 일입니다. 만일 여러분에게도 힘이 무엇이냐고 갑자기 물으면 대답하기 쉽지 않을 것입니다. 힘의 원리는 앞으로 차근차근 설명할게요.

갈릴레이의 사고실험

중세 시대에는 아리스토텔레스의 설명이 틀렸다는 주장을 하기 쉽지 않았어요. 교회의 가르침이 아리스토텔레스의 철학을 바탕으로 하고 있었기 때문이지요. 그런 상황에서 아리스토텔레스의 주장이 틀렸다는 것을 증명한 사람이 바로 이탈리아의 갈릴레이입니다. 갈릴레이가 "그래도 지구는 돈다"라는 말을 하며 지동설을 주장했다는 이야기는 앞서 소개했지요? 그는 최초의 근대 과학자로 평가될 정도로 과학 연구에 많은 업적을 남긴 인물입니다.

이탈리아의 토스카나에 있는 피사의 사탑은 갈릴레이가 무거운 물체와 가벼운 물체를 동시에 떨어트리는 실험을 한 곳으로 유명합니다. 과학책을 읽다 보면 그가 피사의 사탑에서 두 물체를 떨어트리는 장면을 그린 삽화를 종종 발견할 수 있습니다.

하지만 갈릴레이가 실제로 이 실험을 했을 가능성은 별로 없습니다. 갈릴레이처럼 유명한 과학자의 실험이라면 어디든 기록이 남아 있어야 할 텐데, 그의 실험을 봤다는 기록이 아예 없기 때문이지요. 아마도 갈릴레이의 제자 비비아니가 스승에 대한 존경심으로 만들어 낸 일화일 가능성이 큽니다. 그렇다면 이 실험은 왜 유명해졌을까요? 그건 아리스토텔레스의 주장을 반박하는 실험이라고 여겨지기 때문입니다. 갈릴레이가 피사의 사탑에서 물체를 떨어트렸다고 전해지는 이야기는 그의 업적을 상징하는 일화로 이해하는 것이 옳습니다.

갈릴레이는 '사고실험'과 빗면 실험을 통해 아리스토텔레스의 주장이 틀렸다는 것을 입증하는 데 성공했습니다. 우선 사고실험부터 설명할게요. 사고실험은 실제로 실행할 수는 없어서 생각만으로 하는 실험을 말합니다. 갈릴레이가

이탈리아에 있는 피사의 사탑은 갈릴레이가 물체를 떨어트리는 실험을 한 장소로 흔히 알려져 있습니다. 그러나 그가 이 실험을 실제로 했을 가능성은 별로 없습니다.

했던 사고실험은 다음과 같습니다.

갈릴레이: 자네는 무거운 돌과 가벼운 돌이 같은 속도로 떨어진다고 생각하나?

친구: 당연히 무거운 돌이 먼저 떨어지지.

갈릴레이: 그럼 커다랗고 무거운 돌이 10이란 속력으로 떨어진다고 가정하세. 그렇다면 크기가 절반인 작고 가벼운

돌은 얼마의 속력이라고 하면 좋겠나?

친구: 절반이니 속력이 5라고 하면 되겠군.

갈릴레이: 좋아. 이번에는 큰 돌과 작은 돌을 묶어서 떨어트리면 어떻게 되겠나?

친구: 당연히 10보다 빨리 떨어지겠지.

갈릴레이: 자네의 주장대로라면 빨리 떨어지는 돌과 천천히 떨어지는 돌을 묶어서 떨어트리면 10과 5 사이의 속력으로 떨어져야 맞지 않은가? 그런데 10보다 빨리 떨어진다는 것은 무거운 물체가 빨리 떨어진다는 가정과 맞지 않지?

갈릴레이가 살던 시대에는 기술의 한계로 **자유낙하** 실험

TIP

자유낙하 운동

공기 저항 없이 중력만 작용하는 물체의 낙하 운동을 자유낙하 운동이라고 합니다. 자유낙하 운동은 물체의 질량과 상관없습니다. 예를 들어 진공 상태에서 볼링공과 깃털은 동시에 떨어집니다. 공기 중에서는 깃털에 작용하는 공기의 저항이 더 커서 깃털이 천천히 떨어지는 것입니다. 또한 두 물체 모두 매초마다 속력이 초속 9.8미터씩 빨라지는데 이를 중력가속도라고 부릅니다.

을 하기 어려웠습니다. 성능이 좋은 카메라나 시계가 없어서 빠르게 떨어지는 물체를 정확하게 분석할 수 없었습니다. 그래서 그는 빗면을 이용해 물체가 천천히 내려가도록 한 다음 물체의 운동을 관찰했습니다. 빗면은 기울기를 조절하면 빠르기를 늦출 수 있어 물체를 충분히 관찰할 수 있었습니다. 갈릴레이가 실험해 보니 물체의 이동 거리는 시간에 따라 일정하게 늘어나지 않았습니다. 시간이 지날수록 더 큰 폭으로 점점 증가했어요. 좀 더 정확하게 설명하자면 이동 거리는 시간의 제곱에 비례합니다.

갈릴레이는 사고실험으로 '관성'의 성질도 알아냈습니다. 마찰이 없는 곡면에서 물체를 굴리면 물체는 빗면을 따라 내려온 후 반대편 빗면의 같은 높이까지 올라갈 것입니다. 한쪽 빗면의 기울기를 점점 줄여서 완전히 편다면 물체는 계속 움직이게 될 것입니다. 이렇게 물체는 외부에서 힘이 작용하지 않으면 자신의 운동을 그대로 유지하려 합니다. 이것이 바로 관성입니다. 즉 마찰이 작용하지 않는 한 물체는 계속 일정한 빠르기로 움직입니다. 갈릴레이가 관성을 알아내기 전에는 일정하게 힘을 작용해야만 물체가 운동한다고 여겼어요. 하지만 갈릴레이는 그것이 아니라는 것을 증명했습니다.

무거우면 더 빨리 떨어질까?

뉴턴이 발견한 3가지 운동 법칙

갈릴레이의 업적을 이어받아 물리학의 토대를 더욱 탄탄하게 닦은 사람이 있습니다. 그가 죽은 1642년에 태어난 뉴턴입니다. 뉴턴의 이름은 너무나 유명해서 굳이 설명할 필요가 없을 정도입니다.

뉴턴은 흑사병이 유럽을 휩쓸 당시 대학생이었습니다. 그가 다니고 있던 케임브리지 대학교는 흑사병 때문에 1년간 휴교하게 되었습니다. 고향으로 내려간 뉴턴은 혼자서 연구

TIP

흑사병

흑사병은 쥐에 기생하는 벼룩이 옮기는 급성 감염병입니다. 살덩이가 썩어서 검게 된다는 뜻에서 이런 이름이 붙었습니다. 흑사병에 걸리면 고열과 오한, 두통, 구토를 겪다가 의식이 흐려지면서 사망에 이릅니다. 페스트균에 의해 감염되기에 '페스트'라고 부르기도 합니다. 흑사병은 14세기부터 17세기까지 300여 년이나 되는 시간 동안 유럽에서 크게 유행했습니다. 유럽 인구 3분의 1이 줄어들 만큼 무서운 감염병이었습니다. 19세기에 이르러 프랑스의 미생물학자 루이 파스퇴르가 발병 원인과 치료법을 발견하면서 인류는 흑사병을 극복하게 되었습니다.

를 이어 갔습니다. 운동을 다루는 역학은 물론 광학·수학에 이르는 다양한 분야를 탐구했습니다. 한 가지 발견도 어려운 가운데 당시 갓 학위를 받은 뉴턴은 여러 분야에서 획기적인 성과를 냈습니다.

1687년 뉴턴은 물체의 운동을 다룬 《자연철학의 수학적 원리》라는 책을 썼습니다. 보통 이 책의 제목 중에서 '원리principia'라는 단어만 떼서 《프린키피아》로 부릅니다. 당시 이 책을 본 과학자들은 물리법칙을 수학으로 표현한 데 놀라움을 금치 못했습니다. 뉴턴 이전에 프랑스의 철학자이자 수학자로 활동한 르네 데카르트는 물체의 운동을 수학으로 표현할 수 있다고 주장한 적이 있었습니다. 뉴턴의 책은 데카르트의 꿈을 실현한 것이나 다름없었습니다.

앞서 설명했듯 자연철학은 세상이 어떻게 움직이는지를 밝히려 한 학문입니다. 따라서 《자연철학의 수학적 원리》는 세상의 움직임을 수학으로 기술한 책이라는 뜻입니다. 우주 만물의 움직임을 수식으로 표현하고 예측할 수 있다니 당시 사람들에게 얼마나 놀라운 일이었을까요? 뉴턴은 세상에 물리학의 탄생을 알렸습니다.

뉴턴은 흔히 '뉴턴의 운동 법칙'이라 부르는 3가지 법칙과 '만유인력 법칙'으로 부르는 중력 법칙을 통해 물체의 운동을 체계적으로 설명했습니다. 뉴턴의 운동 법칙 3가지는 다음과 같아요.

제1법칙인 '관성 법칙'은 속도가 변하지 않는 물체의 운동을 나타냅니다. 속도가 변하지 않는 이유는 물체에 힘이 작용하지 않기 때문입니다. 힘이 작용하더라도 알짜힘이 0이면 힘이 작용하지 않는 것과 같아요. 쉽게 말하면 앞과 뒤에서 각각 같은 힘으로 밀면 힘이 작용하지 않는 것과 같다는 것이에요. 뉴턴은 물체가 움직이다가 멈추는 것은 힘을 가하지 않았기 때문이 아니라 힘이 작용했기 때문이라는 것을

T I P

속력과 속도

속력와 속도는 다른 개념입니다. 속력은 이동 거리를 걸린 시간으로 나눈 값이고, 속도는 변위를 걸린 시간으로 나눈 값입니다. 이동 거리는 물체가 실제로 움직인 거리이며, 변위는 처음과 끝점 사이의 거리를 가리킵니다. 따라서 속력은 크기만 계산한 물리량이고, 속도는 크기와 방향을 함께 계산한 물리량입니다.

직선으로 운동하는 물체의 속력은 속도의 크기와 같습니다. 하지만 곡선을 운동하는 물체, 또는 직선상을 운동하다가 되돌아오는 물체의 속력은 항상 속도보다 큽니다. 왜일까요? 두 지점 사이의 곡선보다 직선 거리가 더 짧기 때문입니다.

알아냅니다. 사실 이것은 언뜻 우리 경험과 맞지 않아 보입니다. 자전거가 일정한 속력으로 가려면 페달을 계속 밟아야 하니까요. 하지만 그건 자전거에 마찰력이라는 힘이 작용하기 때문입니다. 페달로 힘을 가해야 마찰력과 작용한 힘의 크기가 같아져서 자전거가 일정한 속도로 움직이게 되는 것입니다.

제2법칙은 '가속도 법칙'입니다. 힘이 작용하면 물체의 속도가 변한다는 것을 나타내요. 물리학을 공부하는 데 가장 기본적이며 유명한 공식인 F=ma는 바로 이 법칙에서 비롯한 것입니다. 이 식에서 F는 힘, m은 질량, a는 가속도를 나타냅니다. 즉, 힘은 질량과 가속도의 곱과 같다는 것을 보여 주는 식입니다.

가속도 법칙은 원래 $a=\dfrac{F}{m}$로 표현했어요. 가속도는 작용한 힘의 크기에 비례하고 질량에는 반비례한다는 뜻입니다. 자전거를 세게 밀면 더 빨리 가겠지요? 그런데 자전거에 무거운 사람이 타고 있으면 같은 크기의 힘으로 밀어도 잘 안 나갈 것입니다.

물체에 힘이 작용하면 속도에 변화가 생긴다고 했지요? 물체의 속도가 시간에 따라 어느 정도 변하는지를 나타내는 물리량이 가속도입니다. 따라서 물체의 위치가 시간에 따라 어떻게 변하는지 측정하면 가속도 법칙을 이용해 물체에 작용한 힘을 계산할 수 있습니다.

제3법칙인 '작용-반작용 법칙'은 힘이 항상 두 물체 사이에서 상호작용한다는 것입니다. 다시 말해 한 물체가 다른 물체에 힘을 작용하면 동시에 다른 물체도 그 물체에 같은 크기의 힘을 반대 방향으로 작용한다는 것이지요. 예를 들어 말이 수레를 끌면 수레도 말을 같은 크기의 힘으로 반대 방향으로 끌어당깁니다. 힘은 작용만 있을 수는 없고 항상 작용과 반작용이 동시에 일어나 서로 영향을 줍니다.

사과도 달도 떨어진다!

이번에는 만유인력 법칙을 알아볼게요. 뉴턴을 이야기할 때 빠지지 않는 것이 바로 사과지요. 뉴턴은 사과가 나무에서 떨어지는 것을 보고 의문을 품은 것을 계기로 만유인력 법칙을 발견했다고 전해집니다.

뉴턴의 의문은 '사과는 왜 아래로 떨어질까?'였습니다. 사과는 왜 옆으로 떨어지거나 위로 올라가지 않고 항상 아래로만 떨어질까요? 그전까지 사람들은 이 현상을 너무나 당연한 것으로 여겨 아무런 의문을 품지 않았습니다. 하지만 뉴턴은 달랐어요. 그리고 그의 궁금증은 사과에서 하늘로 향했습니다. '지구에 있는 사과는 아래로 떨어지는데 왜 하늘에 있는 달은 떨어지지 않는가?' 하는 의문이었지요. 이러한 질문은 만유인력 법칙을 탐구하는 출발점이 되었습니다.

뉴턴의 결론은 달도 사과와 마찬가지로 지구를 향해 떨어진다는 것이었습니다. 달이라고 사과와 다를 바 없다는 것이지요. 그렇다면 어째서 달은 하늘에 그대로 있는 것처럼 보이는 걸까요? 뉴턴은 높은 산에서 대포를 쏘는 상황을 예

TIP

뉴턴의 대포로 이해하는 우주속도

뉴턴이 대포에 비유한 설명으로 알 수 있듯이 매우 빠른 속도로 인공위성을 쏘면 다시 지구로 떨어지지 않습니다. 대포알이 다시 뒤통수로 날아올 수 있는 속도를 '제1우주속도'라고 하며, 그 값은 초속 7.9킬로미터입니다. 적어도 이 속도 이상으로 발사해야 인공위성이 지구 주위를 돌 수 있습니다. 만일 속도가 초속 11.2킬로미터 이상이면 지구의 중력장을 벗어나 다시는 지구로 돌아오지 않습니다. 이를 '제2우주속도'라고 합니다. 초속 16.7킬로미터 이상의 빠르기로 쏘면 우주선은 태양계를 벗어나는데, 이를 '제3우주속도'라고 합니다.

로 들어 설명합니다. 산에서 대포를 쏘면 대포알은 멀리 날아가 떨어질 것입니다. 대포에 화약을 더 넣고 강하게 쏘면 쏠수록 더 멀리서 떨어지겠지요. 이보다도 훨씬 더 강하게 쏜다면요? 어마어마한 힘을 받은 대포알이라면 지구를 한 바퀴 돌아서 쏜 사람의 뒤통수로 날아올 것입니다. 대포알이 계속 낙하하더라도 지구가 둥글어서 결국 뒤로 날아온다는 거예요. 달도 마찬가지입니다. 달은 계속 낙하하지만, 지구가 둥글어서 같은 높이에서 지구 주위를 빙빙 도는 것처럼 보인다는 것이지요.

여기까지 읽고서도 뉴턴의 업적이 왜 놀라운 것인지 별로 와 닿지 않을지도 모릅니다. 그는 왜 높이 평가받을까요? 천상과 지상의 운동을 통합했기 때문입니다. 그전까지 사람들은 아리스토텔레스의 생각대로 천상의 운동과 지상의 운동을 별개의 것으로 구분했어요. 천체들이 같은 속도로 원운동을 하는 천상과 물체들이 항상 지구 중심으로 떨어지는 지상은 서로 완전히 다른 세상이라고 여겼던 것입니다. 그리고 이건 너무나 당연해 보였습니다. 태양이나 달은 항상 똑같이 하늘에서 운동하고 지구상의 물체는 아래로 떨어지니까요.

뉴턴도 혼자서는 생각의 틀을 깨기 어려웠을지도 모릅니다.

뉴턴은 만유인력 법칙을 통해 달이 왜 지구로 떨어지지 않는지 밝혔습니다. 그는 천상과 지상의 운동을 하나로 통합하는 위대한 업적을 남겼습니다.

그가 남긴 유명한 말 중에 "나는 거인의 어깨 위에서 더 멀리 볼 수 있었다"가 있어요. 사실 뉴턴이 처음 쓴 말은 아니고 그 이전부터 있던 말을 인용한 것입니다. 그가 말한 거인은 갈릴레이와 케플러, 데카르트 등의 위대한 학자들입니다.

갈릴레이는 망원경으로 하늘을 관찰한 결과를 토대로 아리스토텔레스의 우주관에 흠집을 냈습니다. 과거 사람들은 하늘에 있는 천체를 매끈한 구의 형태라고 생각했지만, 갈릴레이는 자신이 만든 망원경으로 달이 완벽한 구형은커녕 울퉁불퉁한 돌덩어리라는 것을 발견했습니다. 데카르트는 과학 지식을 바탕으로 우주를 수학적으로 표현해야 한다는 주장을 펼쳤습니다. 뉴턴은 그들의 발견과 생각에 매료된 것을 계기로 《프린키피아》를 완성할 수 있었습니다.

뉴턴의 만유인력 법칙을 적용하면, 지구의 모든 물체가 무게와 상관없이 동시에 떨어진다는 것을 간단히 증명할 수 있습니다. 아래 수식은 수학이 어렵다면 그냥 건너뛸 수 있도록 마지막에 넣은 것이니 참고로만 보세요.

$$F = ma$$

$$F = G\frac{Mm}{r^2}$$

$$ma = G\frac{Mm}{r^2}$$

$$\therefore a = G\frac{M}{r^2}$$

이 식에 따르면, 행성으로 낙하하는 물체의 속도는 그 행성의 중심과의 거리와 행성의 질량에 따라 달라집니다. 그래서 지구보다 질량이 작은 달에서는 지구에서보다 물체가 천천히 떨어집니다.

또한 이 식에서는 물체의 질량을 나타내는 항이 없습니다.

그건 질량과 상관없이 모든 물체는 동시에 낙하한다는 뜻이

지요.

생물의 진화

최초의 생명은

언제 나타났을까?

닭이 먼저일까요? 달걀이 먼저일까요? 참 대답하기
곤란한 질문이지요. 닭과 달걀의 논쟁에 골몰하다
보면 생물의 기원도 참으로 아리송해집니다. 생물
이 태어나려면 분명 부모가 있어야 하니까요. 오래
전 사람들은 생물이 땅에서 저절로 생겨났거나 신
이 창조했다고 믿었어요.

아리스토텔레스와 뱀장어

집에 족보가 있다면 한번 펼쳐 보세요. 족보는 나의 뿌리를 찾아가는 안내도입니다. 내가 누구의 후손인지 알게 해 주지요. 여러분의 조상은 어디까지 거슬러 올라갈까요? 조상의 조상을 찾다 보면 가문의 시조를 만나게 되겠지요. 더 거슬러 올라가면 모든 인간의 조상인 최초의 인간을 만나게 될 것입니다. 마찬가지로 모든 생물의 족보를 계속 거슬러 올라가면 그 생물의 시조를 만나게 되겠지요. 이렇게 생각하면 생물은 생물에게서만 나온다고 생각할 수 있습니다. 하지만 생물의 기원을 찾는 일은 그리 간단한 문제가 아닙니다. 최초의 인간, 최초의 닭, 최초의 파리 등등 최초의 생물이 어디서 비롯했는지 밝혀야 하지요.

여기서도 우리는 아리스토텔레스를 만나야 합니다. '또 아리스토텔레스야?' 하고 생각할 수 있겠지만, 놀랍게도 서양 역사에서 그가 손대지 않은 학문은 거의 없을 정도랍니다. 아리스토텔레스는 그의 책 《동물학》에서 어떤 생물은 새끼로 태어나거나 알에서 나오지만 어떤 생물은 진흙이나 모래와 부패한 물질에서 저절로 생겨난다고 했어요. 그 예로 뱀장어에 관한 이야기를 소개하겠습니다.

제자1: 물고기들은 모두 알을 낳나요?

아리스토텔레스: 아니다. 뱀장어는 진흙에서 생겨나지.

제자2: 뱀장어도 알에서 태어나야 하는 것 아닌가요?

아리스토텔레스: 아니야. 뱀장어의 알을 본 적이 있나?

제자1: 아니요.

제자2: 진흙에서 어떻게 뱀장어가 나오나요?

아리스토텔레스: 진흙이 말랐을 때는 뱀장어가 없어. 그런데 비가 오면 웅덩이에서 뱀장어를 볼 수 있어. 뱀장어는 빗물과 진흙이 있는 웅덩이에서 자연적으로 생겨난다는 것을 알 수 있지.

여러분은 아리스토텔레스의 이런 설명이 우습다고 여길지도 몰라요. 물고기가 알을 낳는다는 것은 상식이니까요. 뱀장어도 물고기니까 당연히 알을 낳습니다. 하지만 아리스토텔레스의 추론에는 그럴 만한 이유가 있었습니다. 원래 뱀장어는 바다에서 알을 낳고, 태어난 새끼는 바다에서 생활해요. 그러다가 성체가 되면 민물로 이동하지요. 그런데 뱀장어가 알을 낳는 장소는 무척 찾기 어렵습니다. 그 장소는 해안에서 멀리 떨어진 바다로, 최근에서야 알려진 사실입니다. 또한 알에서 갓 태어난 새끼는 렙토세팔루스라 부르는 투명한 물고기입니다. 뱀장어와 별로 닮지 않았어요. 뱀장어 새끼가 아니라 다른 종류의 물고기인 줄 알고 별도의 이름까지 붙였던 것이랍니다. 그러니 고대 그리스에서는 뱀장어가 진흙에서 생겨난다고 여길 수 있었겠지요.

자연발생설과 생물속생설

할아버지나 할머니께 여쭤보세요. 아직도 연세 드신 분들은 파리나 모기가 흙에서 저절로 생긴다고 대답하실지도 몰라요. 흙이나 오래된 음식물에 파리나 초파리가 모여든 것을 종종 볼 수 있기 때문이지요. 과거 사람들은 새끼나 알을 낳는 과정을 본 적이 없는데 생명체가 나타나는 것을 발견하고 '생명은 자연에서 저절로 생겨난다'고 생각했습니다. 동물의 새끼나 새의 알처럼 큰 물체는 눈에 보이지만 곤충의 알이나 곰팡이의 포자는 눈에 잘 보이지 않습니다. 그러니 옛날 사람들의 눈에는 생명체가 저절로 생겨나는 것처럼 보였겠지요.

이처럼 자연에서 생물이 저절로 생겨난다는 생각을 '자연발생설'이라고 해요. 자연발생설을 옹호한 대표적인 학자는 벨기에의 화학자이자 생물학자인 얀 밥티스타 판 헬몬트입니다. 헬몬트는 냄새나는 셔츠와 밀알을 오래 두었더니 저절로 쥐가 생겼다고 주장했습니다. 물론 그의 실험은 잘못 설계된 것이었습니다. 제대로 된 실험을 하려면 같은 종류의 셔츠와 밀알을 넣은 상자를 하나는 개방하고 하나는 밀폐해야 했어요. 자연발생설에 반대한 과학자들은 생물은 생물에게서만 생겨난다는 '생물속생설'을 주장했어요. 그러나 이 논쟁은 쉽게 결론 나지 않았습니다.

1861년 프랑스의 파스퇴르는 플라스크의 입구를 백조 목처럼 만들어 외부 생물이 들어갈 수 없도록 한 다음 특별한 실험을 했습니다. 플라스크 속에 고깃국물을 넣고 가열해 살균한 후 관찰했어요. 시간이 지나도 고깃국물은 상하지 않았습니다. 하지만 목 부분을 잘라 공기가 드나들 수 있도록 만들자 얼마 지나지 않아 고깃국물은 상했어요. 그는 이 실험을 통해 외부에 있던 세균이 플라스크에 들어가 번식했다는 것을 증명했습니다. 만일 자연발생설이 옳다면 밀폐한 플라스크에서도 충분한 시간이 지난 뒤 미생물이 번식할 것입니다. 생물속생설이 옳다면 아무런 미생물도 발견할 수 없겠지요? 파스퇴르의 결론은 생물속생설이 옳다는 것이었습니다.

그러나 생물속생설에는 한 가지 문제가 있었습니다. 생물이 생물에게서만 생긴다면 최초의 생명체는 어떻게 생겨날 수 있었을까요?

과학계에서는 모든 생명체의 공통 조상을 루카$^{\text{LUCA, Last Universal Common Ancestor}}$라 불러요. 루카는 현재 지구에 존재하는 모든 생명체의 어머니입니다. 파리나 모기, 개나 고양이, 인간 모두 루카의 자식이라고 할 수 있습니다. 과학자들은 루카에게서 세포가 분열과 복제 과정을 거치며 다양한 방향으로 진화했고, 새로운 종이 탄생했다고 추정합니다. 그러나 이렇게 설명해도 여전히 문제는 남습니다. 모든 생명체의 어머니인 루카는 어떻게 탄생한 걸까요?

생명의 기원을 둘러싼 다양한 가설

생명의 기원을 따지려면 우선 생명체가 무엇으로 이루어졌는지 알아야겠지요. 지구상의 모든 생명체는 세포로 되어 있습니다. 세포는 단백질과 DNA(또는 RNA), 세포막으로 구성되어 있어요. 이는 모든 세포의 공통적인 구조입니다.

러시아의 화학자 알렉산드로 오파린은 세포의 기원을 유

기물로 설명하는 '화학적 진화'를 주장했습니다. 그는 《생명의 기원》이라는 책에서 무기물(유기물을 제외한 모든 물질)에 에너지가 공급되면 아미노산과 같은 유기물(생물에서 기원한 물질로 탄소화합물로 이루어져 있어요)이 생성될 수 있다는 가설을 세웠습니다. 원시 지구의 대기에는 암모니아, 메테인, 수소, 물 등이 풍부했습니다. 오파린의 주장은 여기에 자외선과 같은 에너지가 공급되면 유기물이 생겨날 수 있다는 것입니다. 그는 원시 바다에 쌓인 유기물들이 모여 유기물 복합체인 코아세르베이트를 형성했고, 이것이 세포가 되었다고 주장했습니다.

오파린의 가설을 증명하기 위해 1953년 미국의 생물학자 스탠리 밀러와 해럴드 유리는 원시 지구 대기와 비슷한 환

T I P

단백질의 재료, 아미노산

세포를 구성하는 단백질은 많은 아미노산이 결합해 만들어집니다. 어떤 종류의 아미노산이 결합했는지에 따라 단백질의 종류도 달라집니다. 생물의 세포에서 발견되는 아미노산은 20가지로, 다양한 조합의 단백질을 만들 수 있습니다. 20가지의 구슬을 가지고 목걸이를 만든다고 생각해 보세요. 구슬의 순서를 얼마든지 바꿀 수 있는 만큼 목걸이도 다양하게 만들 수 있습니다.

경을 조성한 후 전기 충격을 일으키는 실험을 시도했습니다. 마치 영화 〈어벤져스〉 속 토르가 망치를 내려치듯 플라스크에 번개를 내리자 놀랍게도 무기물로부터 아미노산이나 퓨린, 피리미딘과 같은 유기물이 합성되었습니다. 두 과학자의 실험이 성공하자 화학적 진화에 대한 연구는 탄력을 받았습니다.

하지만 이 실험에 문제를 제기하는 과학자들도 있었습니다. 원시 지구에는 활발한 화산 활동 때문에 이산화탄소가 풍부했습니다. 화학적 진화를 믿지 않는 과학자들은 원시 지구에서는 짙은 이산화탄소 때문에 산화가 잘 일어나 유기물 합성이 어려웠을 거라고 반박했습니다.

과학자들은 최초의 생명이 탄생한 또 다른 후보지를 찾기 시작했어요. 새롭게 거론된 곳은 매우 뜨겁고 압력이 높은 심해의 열수구였습니다. 섭씨 270~380도에 이르는 뜨거운 물이 흘러나오는 열수구 주변에는 화학물질이 풍부하므로 유기물이 합성되어 최초의 생명체가 만들어질 수 있는 환경이 될 수 있습니다. 또한 이곳은 화산 활동이 활발했던 초기 지구와 비슷한 환경이므로 유력한 이론으로 주목받고 있습니다.

그런데 최근에는 이산화탄소가 풍부한 대기 속에서도 유

심해 열수구는 최초의 생명이 탄생한 유력한 장소로 주목받고 있습니다.

기물이 합성될 수 있다는 것이 알려졌습니다. 그렇다면 앞
서 소개한 화학적 진화에도 설득력이 생깁니다. 최초의 생
명이 어떻게 탄생하게 되었는지는 아직도 완벽하게 밝혀지
지 않았어요.

　마지막으로 흥미로운 가설을 하나 더 이야기할게요. 바로
'외계 기원 가설'입니다. 지구의 생명체가 외계에서 날아온
생명의 씨앗으로 말미암아 생겨났다는 것입니다. 언뜻 황당
하게 들리지요? 그런데 1969년 호주의 머치슨에서 발견된

운석에는 아미노산을 비롯한 유기물이 포함되어 있습니다. 우주에서 날아온 돌 속에서 유기물이 발견되었으니 지구의 생명체는 지구 밖에서 온 것이라는 외계 기원설도 설득력이 있는 셈입니다.

어쨌든 과학자들은 단백질의 재료가 되는 아미노산이 자연에서 합성될 수 있다는 사실을 알아냈습니다. 그런데 최초의 생명체를 찾기 위한 여정은 지금부터 시작입니다. 아미노산만 잔뜩 있다고 그것이 스스로 결합해서 단백질이 되는 것은 아니니까요.

아미노산이 가득한 물속에서 세포는 어떻게 만들어졌을까요? 미국의 생물학자 시드니 폭스는 '마이크로스피어 가설'을 제안해요. 아미노산에 열을 가하면 아미노산이 결합해서 프로티노이드라고 하는 단백질과 비슷한 물질이 만들어집니다. 그리고 프로티노이드가 모여서 생긴 마이크로스피어는 세포와 비슷한 특징을 보입니다. 마이크로스피어는 세포막과 비슷한 막 구조를 가지고 있으며 흥미롭게도 스스로 증식도 한다고 해요. 그래서 마치 효모가 증식하는 것처럼 보이기도 하지요. 세포막이 뭐길래 중요하냐고요? 생명체의 단위가 되는 세포가 생기려면 내부와 외부를 구분하는 막이 존재해야만 합니다. 세포막이 없으면 세포를 구성하는 물질들이 모이려고 하다가도 다시 섞여 버려서 세포가 만들어질 수 없어요. 세포막이 있어야만 세포가 제 기능을 할 수 있는 것이지요.

사실 생명에게는 무엇보다 '유전물질'이 중요하다고 할 수 있어요. 번식을 통해 생명을 이어 가려면 자신의 정보를 후대에 물려주는 유전이 가능해야 하니까요. 유전물질인 핵산에는 DNA와 RNA라는 두 가지 종류가 있습니다. DNA는 디옥시리보 핵산$^{deoxyribonucleic\ acid}$이라는 뜻이고 RNA는 리보 핵산$^{ribonucleic\ acid}$이에요.

DNA가 있어야 세포는 단백질을 합성할 수 있습니다. DNA는 단백질을 복제할 수 있는 정보를 저장하는 역할을 합니다. 그런데 효소 역할을 하는 단백질이 먼저 있어야만 그 기능을 수행할 수 있어요. 최초의 생물은 DNA를 가지고 있었을까요? 그렇지는 않습니다. 그래서 등장한 것이 'RNA 세계 가설'입니다. RNA는 DNA처럼 유전정보를 저장할 수 있을 뿐 아니라 자기 복제를 할 수 있고, 효소 역할도 해요. 복제와 효소 기능을 모두 가진 RNA가 먼저 등장해 단백질을 합성했다는 것이 바로 RNA 세계 가설입니다. 이 가설에 따르면 RNA와 단백질이 풍부해지면서 RNA보다 안정적인 DNA가 등장했다고 합니다. 물론 이 가설도 아직 확실한 것은 아닙니다.

바다에서 육지로 진출한 원시 생물

최초의 생물은 아마도 39억 년 전쯤 등장했을 것으로 추정해요. 그 이전에는 화석이 남아 있지 않으니 얼마나 더 오래전에 원시세포가 등장했을지는 정확하게 알 수 없습니다. 가장 오래된 화석은 호주 서부 지역의 암석에서 발견되는 광합성 세균으로, 약 35억 년 전의 것으로 추정됩니다.

이 세균이 광합성을 통해 산소를 만들기 전까지 지구에는 산소가 거의 없었습니다. 지금 우리는 산소를 생명에게 당연히 필요한 것으로 생각하지만, 사실 초창기 원시세포가 등장할 당시 산소는 매우 해로운 물질이었습니다. 다른 물질을 산화시키는 역할을 했기 때문이에요. 따라서 최초의 생물은 산소가 없는 환경에서 사는 무산소 호흡을 했을 것입니다. 그러다가 광합성 세균이 등장해 산소가 풍부해지면서 산소로 호흡하는 생물이 등장합니다. 이때부터는 기존 생물에게서 새로운 생물이 탄생하는 '생물적 진화'가 일어납니다.

광합성 세균은 바닷속에서 산소를 계속 만들어 냈습니다. 산소는 물에 잘 녹지 않으므로 계속 쌓였습니다. 일부 산소는 태양의 자외선 때문에 오존으로 바뀌었습니다. 자외선은 생물에게 매우 해로운 광선입니다. 그래서 바닷속에서 살던 초기 생물들은 바다를 떠날 수 없었습니다. 그런데 시간이 흘러 오존이 모여 오존층이 형성되자 지구로 들어오는 자외선이 차단되어 생물은 바다를 벗어날 수 있게 되었습니다.

지구에 유기물과 산소가 풍부해지자 이것을 이용하는 똑똑한 생물들이 등장했어요. 이들은 산소로 호흡하며 유기물을 분해했습니다. 이 방법이 무산소 호흡보다 살아가기에 더 효율적이었어요.

약 21억 년 전쯤에는 새로운 형태의 세포가 등장했습니다. 바로 진핵세포랍니다. 진핵세포는 세포막으로 둘러싸인 핵을 가지고 있으며, 핵이 없는 원핵세포에 비해 크고 복잡해요. 어느 학설에 따르면, 따로 생활하던 원핵세포들이 공생하면서 진핵세포가 만들어졌다고 합니다. 그리고 진핵세포 생물들도 모여 살다가 다세포 생물로 진화하게 되었습니다. 볼복스나 해캄 등은 단세포 생물이지만 모여서 생활하는 군체를 이룹니다. 다세포 생물은 그러한 단세포 생물이 모여 탄생했습니다. 5억 년 전쯤 드디어 육상으로 진출한 다세포 생물이 등장하고, 육지에도 생물이 가득 번성하게 됩니다.

생물이 진화한다는 증거

지구상에 최초의 생명이 등장한 이래 다양한 생물이 나타나고 사라졌어요. 지구 환경이 항상 일정한 것이 아니라 계속 변하기 때문입니다. 지구의 역사를 돌이켜 보면 지구상에 존재했던 생물 대부분은 멸종했습니다. 살아남은 생물은 극히 일부에 불과해요. 이렇게 다양한 종류의 생물이 등장했다가 사라지는 현상을 생물의 '진화'라고 합니다. 환경에 잘 적응한 생물은 살아남아 번성하고 그렇지 못한 생물은 멸종했습니다.

진화는 유전과 함께 생물학을 지탱하는 양대 산맥이라 할 수 있습니다. 유전학은 한 생물이 어떻게 대를 잇는지 설명하는 학문이고, 진화학은 시간이 흐르며 생물이 점차 변화하는 현상을 추적하는 학문입니다. 유전학과 진화학이라는 두 축이 흔들리면 생물학은 뿌리부터 흔들려요.

생물이 진화한다는 근거는 어디에 있을까요? 진화가 사실이라고 할 수 있는 증거를 대 볼게요.

첫째, 화석입니다. 과거에 지구에 살았다가 지금은 화석으로 남겨진 생물들이 있어요. 여러분이 너무나 잘 알고 있는 공룡도 화석으로밖에 남아 있지 않지요. 수많은 화석은 지금은 멸종했지만 과거에 생존했던 생물의 모습을 알 수 있게 해 주는 지구의 기록이랍니다. 화석을 순서대로 배열해 보면 생물의 진화 과정을 한눈에 살펴볼 수 있어요.

둘째, 생물을 해부해 보면 진화의 증거를 찾을 수 있습니다. 예를 들어 사람의 손이나 개의 앞다리, 박쥐의 날개와 고래의 지느러미는 모양이나 하는 일은 다르지만 해부해 보면 골격은 모두 비슷해요. 이는 공통 조상에게서 진화했기 때문이지요. 반면 새의 날개와 곤충의 날개는 둘 다 기능은 같지만 기원은 다릅니다. 새의 날개는 앞다리가, 곤충의 날개는 피부 조직이 변한 것이랍니다. 더 이상 쓰임새가 없어서 사라졌거나 흔적만 남은 기관도 있습니다. 이를 '흔적기관'이라고 합니다. 여러분의 엉덩이뼈를 만져 보면 뾰족하게 꼬리뼈의 흔적이 남아 있는 것을 확인할 수 있어요.

셋째, 생물이 수정란에서 개체가 되어 태어나기 전까지의 단계인 '발생' 과정을 살펴봐도 진화의 증거를 찾을 수 있습니다. 척추동물들의 발생 과정을 보면 세포의 모양에 공통점이 있어요. 척추동물이 공통 조상으로부터 진화했다는 증

화석은 오랜 과거 생물들의 모습을 알 수 있게 해 주는 지구의 기록입니다.

거입니다.

넷째, 지리학적인 증거가 있습니다. 캥거루는 호주에만 있고 다른 대륙에는 없지요. 이처럼 그 지역에서만 서식하는 고유종은 그 지역의 환경에만 적응해 진화했습니다.

마지막으로 생물의 DNA를 비교해 보는 방법이 있습니다. 공통 조상과 최근에 갈라진 생물일수록 DNA의 유사성이 높아요. 인간의 DNA는 침팬지와 99퍼센트 같아요. 하지만 생쥐와는 85퍼센트만 같지요.

다윈의 자연선택설

1859년 영국의 생물학자 찰스 다윈은 《종의 기원》이라는 유명한 책을 냅니다. 원래는 《자연선택에 의한 종의 기원, 즉 생존 경쟁에서 유리한 종족의 보존에 대하여》라는 아주 긴 제목을 가지고 있었어요. 나중에 제목을 《종의 기원》으로 짧게 줄였지요.

다윈이 처음 책을 낼 때 붙였던 긴 제목의 의미를 생각해 봅시다. 여기에는 진화론의 핵심이 모두 들어 있어요. 다윈

TIP

다윈의 진화론보다 앞서 나온 진화론

다윈보다 먼저 진화론을 주장한 사람이 있습니다. 프랑스의 장바티스트 라마르크는 '용불용설'이라는 진화론을 주장했습니다. 용불용설은 사용하는 기관은 발달하고 사용하지 않는 기관은 퇴화한다는 생각입니다. 이는 언뜻 우리의 일상적인 경험과도 잘 들어맞는 것처럼 보입니다. 운동을 열심히 하면 근육이 생기지요? 용불용설에 따르면, 기린의 목은 원래 짧았는데 높은 곳에 있는 나뭇잎을 따 먹기 위해 근육을 사용하면서 길어졌습니다. 그렇게 길어진 목이 새끼들에게도 전해졌다는 것입니다. 그러나 생물이 후천적으로 얻은 특성은 유전되지 않는 것이 밝혀져 틀린 이론이 되었습니다.

이 주장한 '자연선택설'은 자연 속 생존 경쟁에서 유리한 개체가 살아남아 종족을 보존한다는 것이에요. 그는 인간이 인위적으로 개량한 가축을 근거로 자연선택이라는 개념을 생각해 냈습니다. 인간이 수천 년에 걸쳐 가축의 품종을 바꾸는 것이 가능하다면 자연은 더 오랜 시간 동안 더 많은 일을 해 왔을 거라 여긴 것입니다.

당시 다윈의 주장이 논란이 된 것은 많은 사람이 《종의 기원》을 원숭이가 인간의 조상이라고 주장하는 책으로 이해했기 때문이었어요. 성경에 따르면 인간은 창조주가 신의 형상대로 창조한 존재입니다. 어느 신문에서는 원숭이의 몸에 다윈의 얼굴을 그려 넣어 그를 조롱하기도 했습니다. 다윈의 책은 그만큼 큰 충격을 주었습니다. 지금도 종교적 신념이 강해서 진화론을 받아들이지 않는 사람들이 있습니다. 하지만 인간도 분명 동물이고 생물의 진화에서 예외일 수는 없답니다.

참, 다윈은 책에서 원숭이가 인간의 조상이라고 말하지 않았어요. 그건 사람들의 오해였지요. 지금의 침팬지나 고릴라는 먼 옛날 공통 조상에서 갈려져 나온 친척일 뿐 우리의 조상이 아닙니다. 오랜 시간이 지나도 침팬지가 인간으로 진화하는 일은 일어날 수 없습니다.

최초의 인류가 등장하기까지

최초의 인류는 언제 등장했을까요? 현생 인류인 우리는 분류학상 '호모 사피엔스'로 부른답니다. '지혜로운 인간'이라는 뜻이지요. 호모 사피엔스는 지금부터 약 20만 년 전에 등장한 것으로 보입니다. 그렇다면 그 이전에는 인류의 조상이 없었을까요? 아닙니다. 300만 년 전에는 '오스트랄로피테쿠스 아파렌시스'라는 원시 인류가, 230만 년 전에는 '호모 하빌리스'라고 불리는 종족이 나타났어요. '손재주가 좋은 사람'이라는 뜻의 호모 하빌리스는 먼저 등장한 오스트랄로피테쿠스보다 석기를 다루는 솜씨가 뛰어나서 이렇게 부르게 되었습니다. 다만 호모 하빌리스는 인류의 직접 조상은 아닌 것으로 보입니다.

인류의 직계 조상은 약 160만 년 전에 등장한 '호모 에렉투스'입니다. 호모 에렉투스는 처음 살던 지역인 아프리카에서 벗어나 유럽과 아시아 등으로 생활 무대를 넓혔습니다. 그러다가 20만 년 전쯤에 멸종했습니다.

호모 사피엔스와 가장 비슷했으며 같은 시대를 살기도 한 종이 있습니다. '네안데르탈인'으로 부르기도 하는 '호모 네르탈렌시스'입니다. 현생 인류보다 조금 앞선 시기인 35만

넌 전에 유럽과 아시아에 등장한 이들은 2만 5,000년 전 멸종할 때까지 인류와 같은 장소에서 서로 경쟁하며 살았어요. 우리가 네안데르탈인과의 경쟁에서 승리한 원인은 아마도 좀 더 뛰어난 지능 덕분이라고 추측되고 있습니다. 현생 인류가 빙하기라는 위기에 더 유연하게 대응했던 것이지요. 여하튼 우리의 사촌격인 네안데르탈인은 현생 인류와 거의 같은 모습이긴 했지만 직접 조상은 아니랍니다.

오래전 우리의 조상이 남긴 흔적은 프랑스 남서부의 크로마뇽 동굴에서 발견된 동굴 벽화에서 찾을 수 있습니다. 벽화를 그린 크로마뇽인은 호모 사피엔스로 분류되는 우리의 직계 조상이랍니다. 그들은 정교한 도구를 만드는 기술은 물론 뛰어난 동굴 벽화를 남길 만큼 섬세한 예술적 능력도 갖추고 있었답니다. 그런데 흥미로운 사실이 하나 더 있어요. 우리 유전자 속에는 크로마뇽인뿐 아니라 네안데르탈인의 것도 있다는 것! 놀랍지 않나요?

유전의 원리

결정적 질문 5

왜 자식은

부모를 닮을까?

자식이 부모를 닮는다는 사실은 옛날부터 잘 알려진 사실이었습니다. 어미가 검은 말이면 새끼도 검은 말이고, 어미 개가 누렁이면 새끼도 누렁이가 태어나지요. '콩 심은 데 콩 나고 팥 심은 데 팥 난다'는 우리 속담은 이런 현상을 아주 잘 나타내 주는 말입니다.

그리스 신화에는 반인반수의 괴물이나 서로 다른 동물의 몸을 합친 듯한 괴물이 등장하기도 하지만, 실제 세계에서 그런 동물은 볼 수 없어요.

유전학을 탄생시킨 멘델

오늘날 우리는 '유전'이라는 말을 쉽게 사용하지만 이 용어는 1905년 윌리엄 베이트슨이라는 영국의 생물학자가 처음 만들었습니다. 생긴 지 이제 겨우 100년이 조금 넘었지만 생물학에서 가장 중요한 분야를 지칭하는 용어가 되었지요. 사실 21세기는 '유전학의 시대'라고 해도 과언이 아니에요. 그만큼 유전학은 과학계에서 가장 중요한 분야로 주목받고 있어요. 분명 고대부터 사람들은 부모 세대에서 자식 세대로 무언가 전해진다는 생각을 했을 것입니다. 그런데 유전이라는 용어는 어째서 그보다 훨씬 시간이 흘러서야 만들어졌을까요?

과거 사람들도 식물을 재배하거나 가축을 사육하면서 새끼가 어미를 닮는다는 사실을 깨달았습니다. 말은 옛날부터 농사뿐 아니라 전쟁에서 매우 중요한 역할을 한 동물이에요. 인류는 더 빠르고 오랜 시간 동안 지치지 않고 달릴 수 있는 말을 얻기 위해 많은 공을 들여 교배했어요. 그러나 유전의 정확한 원리를 알아내는 것은 쉽지 않았습니다. 같은 말을 교배해도 새끼는 조금씩 달랐으니까요.

19세기까지 생물의 유전 현상을 설명하는 이론은 다양했습니다. '전성설'은 정자 속에 아주 작은 새끼가 들어 있다는 생각입니다. 조그만 사람이 들어 있는 정자가 난자와 만나면 태아가 되어 아기로 태어난다는 것이지요. '후성설'은 미리 정해진 형태가 없던 세포가 수정 후에 하나씩 모습을 갖춰 간다는 가설이었습니다.

또한 의학의 아버지로 불리는 고대 그리스의 히포크라테스부터 19세기에 활동한 영국의 찰스 다윈에 이르기까지 오랜 기간 과학자들은 생물의 모습을 결정하는 물질이 모여서 후대에 전달된다는 '범생설'을 믿었습니다. 예를 들면 팔다리를 만드는 물질이 혈액을 타고 생식기에 모여 자손에게 전해져서 자손이 부모를 닮은 팔다리를 가지게 된다는 거예요.

부모 세대에서 자식에게로 무언가가 전달된다는 사실 자체는 널리 알려져 있었지만, 그 원리에 대해 명확한 이론을 제시하는 학자는 오랫동안 등장하지 않았습니다. 대부분 생물의 특성이 섞여서 전해진다는 '융합설(혼합설)'을 믿었지요. 예를 들어 흰꽃과 붉은꽃을 가진 식물을 교배하면 분홍꽃이 나온다고 믿었습니다. 그러나 실제로 재배해 보면 분홍꽃뿐만 아니라 흰꽃과 붉은꽃도 나옵니다.

융합설이 틀렸다는 것을 밝혀낸 사람은 오스트리아의 수도사였던 그레고르 멘델이었습니다. 멘델이 등장하면서 유전에 대한 과학자들의 생각은 완전히 변하게 됩니다. 1822년 가난한 소작농의 아들로 태어난 멘델은 대학에서 과학 교수를 하고 싶었으나 시험에 떨어지고 시골 수도원에서 사제 생활을 했습니다. 비록 교수는 되지 못했지만 수학에 뛰어난 재능이 있었으며, 낙천적이고 끈기가 있었습니다. 그는 수도원의 뜰에 완두콩을 재배하는 실험을 꾸준히 이어 갔습니다. 1865년에는 〈식물 잡종에 대한 연구〉라는 제목의 논문으로 자신이 발견한 유전 법칙을 발표했습니다. 하지만 그의 법칙은 어려운 수학으로 표현되어 있어서 당시 과학자들조차 제대로 이해하기 쉽지 않았어요. 무명의 수도사였던 멘델의 연구 결과는 그대로 묻히고 말았습니다.

그의 연구가 다시 빛을 보게 된 것은 1900년에 휘호 더프리스, 카를 코렌스, 에리히 폰 체르마크라는 생물학자들이 유전 법칙을 발견하면서부터입니다. 후대 학자들의 연구 결과가 이미 멘델이 발견한 원리와 같았기에 멘델의 법칙은 새롭게 주목받았어요.

멘델은 다윈과 동시대 사람이었습니다. 만일 다윈이 멘델의 연구 결과에 관심을 가졌더라면 진화론을 주장하는 데 많은 도움이 되었을 것입니다. 멘델의 연구는 화학에서 돌턴의 원자론만큼 획기적인 것이었습니다. 비록 당시에는 인

오스트리아의 수도사 멘델은 유전 법칙을 발견해
유전학의 아버지로 평가받고 있습니다.

정받지 못했지만, 이제 그는 유전학의 아버지로 평가받고
있습니다.

사실 멘델의 실험은 그 이전에도 이미 많은 사람이 시도
한 것이었습니다. 식물의 품종을 개량하려면 다양하게 교배
를 해야 했으니까요. 하지만 아무도 유전 법칙을 알아내지
는 못했습니다. 멘델은 이전 실험들과는 다르게 완두의 형
질을 각각 하나씩만 비교했습니다. 키가 크고 콩이 주름졌
으며 녹색인 완두와 키가 작고 콩이 둥글며 황색인 완두를

비교한 것이 아니라 키 큰 완두와 키 작은 완두만 비교했어요. 마찬가지로 주름진 완두콩과 둥근 완두콩을 서로 비교했지요. 그는 한 개체가 가진 모든 형질이 아니라 한 번에 하나의 형질만 비교함으로써 어떤 규칙으로 유전이 일어나는지 파악할 수 있었습니다. 실험을 완두로 했다는 점도 중요합니다. 대립형질이 뚜렷하고 재배가 쉬운 데다, 한 세대가 짧아 실험 결과를 빨리 확인할 수 있는 장점이 있었거든요.

DNA와 유전자

멘델의 법칙은 매우 중요한 유전학의 기초입니다. 그런데

형질과 대립형질

생물이 가진 특성을 '형질' 또는 '유전형질'이라고 합니다. 사람의 형질로는 눈 색깔, 머리카락, 피부색 등을 꼽을 수 있습니다. 완두에서는 콩 색깔이나 콩깍지 모양, 나무 크기 등이 형질이 됩니다. 여기에서 하나의 형질에 대립되는 특성을 '대립형질'이라고 합니다.

그의 법칙을 이해하려면 우선 유전학에서 사용하는 용어들의 의미를 정확하게 이해할 필요가 있습니다.

우선 유전자와 DNA부터 살펴봅시다. 유전자는 유전정보를 담고 있습니다. 한 생물이 가진 유전정보 전체는 게놈genome이라고 부릅니다. 사람의 유전자는 2만 5,000개 정도가 있는데, 46개의 염색체에 나뉘어 들어가 있습니다. 그리고 염색체는 우리 몸을 이루는 세포의 핵 속에 들어 있어요. 즉 우리 몸의 각 세포에는 유전정보인 게놈이 들어 있습니다. 유전자는 염색체 속 DNA에 들어 있는데, 하나의 세포에 들어 있는 DNA의 길이는 약 1.8미터입니다. 우리 몸 속 세포의 DNA를 모두 모아서 일렬로 세우면 태양계를 벗어날 정도로 깁니다. 정말 놀랍죠?

멘델의 유전 법칙이 뒤늦게나마 인정받자 사람들은 또 다른 궁금증이 생겼습니다. 무엇이 유전정보를 전달하느냐 하는 것이었지요. 과학자들은 그것을 찾기 위해 현미경으로 세포를 관찰했어요. 이때 염색이 잘되는 부분을 발견하고 '염색체'라고 불렀어요. 염색체는 말 그대로 '염색이 잘되는 물체'라는 뜻이랍니다.

한 생물이 지닌 염색체의 수와 모양, 크기 등의 특성을 '핵형'이라고 해요. 생물들은 저마다 고유한 핵형을 지니고 있습니다. 인간과 가장 닮은 생물인 침팬지는 24쌍의 염색체를 지니고 있습니다. 사람은 진화 과정에서 2개의 염색체가 합쳐져 1개가 되어서 23쌍이 되었다고 합니다.

염색체를 보면 크기와 모양이 같은 것끼리 짝을 이루고 있어요. 이런 염색체 한 쌍을 '상동염색체'라고 해요. 사람에게는 23쌍의 상동염색체가 있지요. 23쌍의 상동염색체는 22쌍의 상염색체와 1쌍의 성염색체로 나뉘어요. 상염색체는 성별에 관계없이 공통으로 가진 염색체이고, 성염색체는 남성과 여성의 것이 다릅니다.

'핵상'은 한 세포에 들어 있는 염색체의 구성 상태를 가리킵니다. 사람의 핵상은 '2n=46'입니다. 따라서 n=23이지요. 이렇게 쌍으로 된 상동염색체를 가지는 이유는 생식세포가 분열할 때 염색체를 절반씩 가지기 때문입니다. 아버지에게서 23개, 엄마에게서 23개의 염색체를 각각 받아요. 그래서 자손으로 내려가도 사람은 계속 46개의 염색체를 가지게 되는 것이지요.

상동염색체는 '대립유전자'를 가지고 있어요. '대립유전자'는 서로 대립하는 관계인 유전자를 말합니다. 예를 들어 황색 완두콩의 대립유전자는 녹색 완두콩입니다. 반대로 녹색 완두콩의 대립유전자는 황색 완두콩입니다. 콩의 색은 황색이나 녹색 둘 중의 하나예요. 황색과 녹색이 섞인 밝은 녹색 콩은 없어요. 이렇게 콩의 색을 결정짓는 두 유전자는 서로 대립합니다. 대립유전자의 구성은 생물에 따라 다릅니다. 같은 부모에게서 태어난 자식이라 하더라도 어떤 대립유전자를 받는지에 따라 형질은 달라질 수 있습니다.

염색체는 세포가 분열할 때 가느다란 실 형태의 '염색사'가 뭉쳐서 만들어집니다. 세포가 분열할 때 유전자를 염색체 단위로 크게 묶어 두면 좋은 점이 있어요. 마치 물건을 포장하듯 유전물질을 정확하게 반반으로 나눌 수 있습니다. 잘 포장되어 있으니 염색사가 손상되는 것도 막아 주는 역할을 하지요. 과거 과학자들은 염색체를 발견하자 염색체 속의 어떤 단백질이 유전정보를 전달한다고 추측했습니다. 유전정보를 전달하는 것이 DNA라는 사실은 나중에 밝혀집니다.

그렇다면 DNA는 어떻게 생겼을까요? DNA도 다른 물질과 마찬가지로 하나의 커다란 분자입니다. 기다란 사다리를 꽈배기처럼 비틀어 놓은 모양으로 생겼습니다. 이를 보통 이중나선 구조로 되어 있다고 표현해요. DNA들은 막대 사탕이 줄에 엮여 있는 것처럼 연결되어 있어요. 또한 DNA를 구성하는 기본 단위를 뉴클레오타이드라고 불러요. 여러 개

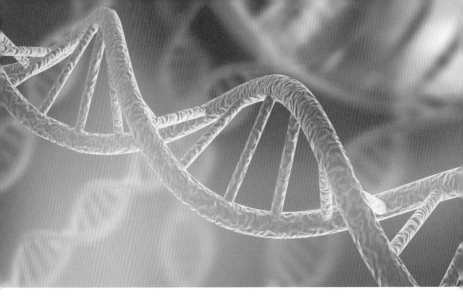

DNA는 기다란 사다리를 꽈배기처럼 비틀어 놓은 모양으로 생겼습니다.

의 뉴클레오타이드가 연결되어 DNA를 이루는데, 여기에는 인산, 당, 염기가 1:1:1의 비율로 들어 있어요. 인산과 당은 모든 뉴클레오타이드에 똑같이 들어 있지만 염기는 아데닌, 구아닌, 사이토신, 티민으로 4가지가 있어요. 이 4가지의 염기가 배열되는 순서에 따라 유전정보가 달라집니다.

'염기서열'이라는 말을 들어 봤나요? 염기서열은 DNA의 뉴클레오타이드를 구성하는 성분들이 배열되는 순서입니다. 유전자는 염기서열에 따라 단백질을 만들어 냅니다. 이를 '형질이 발현된다'고 표현하지요. 유전자라는 것은 결국 단백질을 만들어 내는 정보입니다.

정리하자면 단백질을 만드는 설계도가 바로 유전자이며, 유전자는 DNA 속 특정 염기서열에 들어 있습니다. '유전자 편집'이라는 것은 이 염기서열을 바꾸는 것입니다. 유전자의 염기서열을 바꾸면 형질이 변해요. 염기서열을 바꾸면 유전질환을 고칠 수 있지요.

멘델의 3가지 원리

순종 혈통을 지닌 말은 비싼 가격에 팔립니다. 우리는 흔히 '순종 = 좋은 것', '잡종 = 좋지 않은 것'이라고 생각해요. 가축을 사고팔 때 순종인지 잡종인지에 따라 가격을 달리 매기기도 하지요. 그러나 유전에서 순종과 잡종은 좋고 나쁨의 의미를 지니고 있지 않습니다. 우성과 열성도 마찬가지예요.

멘델은 순종 완두를 얻기 위해 완두를 여러 세대 동안 자가수분(한 식물의 꽃가루를 그 식물의 암술머리에 붙여 수정하는 것)해서 재배했습니다. 여러 세대를 거쳐도 계속 황색 콩만 나온다면 그 완두는 순종이라는 뜻이었지요. 마찬가지로 여러 세대 동안 자가수분을 했는데도 녹색 콩만 나오는 완두라면 그것도 순종이라는 것을 알 수 있었습니다. 그런데 자가수분한 완두에서 다른 색의 콩이 나오면 그건 잡종이라는 뜻이었어요. 멘델은 인내심을 가지고 오랜 기간 완두를 재배한 끝에 유전 법칙을 발견해 낼 수 있었습니다.

멘델은 첫 번째로 '우열의 원리'를 알아냈습니다. 순종의 대립형질을 지닌 개체끼리 교배하면 잡종 1대에서는 우성 형질만 나온다는 원리입니다. 둥근 콩이 나오는 순종의 완두와 주름진 콩이 나오는 완두를 교배하면 잡종 1대에서는 둥근 콩만 나옵니다. 이때 둥근 형질은 우성, 주름진 형질은 열성입니다. 순종과 잡종에서도 좋고 나쁨의 의미가 없듯이 우성과 열성에도 좋고 나쁨이 없습니다. 단지 순종의 우성 형질과 열성 형질을 교배한 잡종 1대에서 나오는 형질을 우성이라 부르는 것뿐입니다. 왜 잡종이라 부르냐고요? 서로 다른 형질인 우성과 열성을 교배했으니 잡종 1대라고 부르는 것입니다.

그렇다면 열성 형질은 사라진 것일까요? 그렇지는 않습니다. 잡종 1대의 완두를 자가수분하면 잡종 2대에서 열성 형질이 나타납니다. 잡종 2대에서 우성과 열성이 모두 나오는 것이지요. 비율로 보면 '우성 : 열성 = 3 : 1'입니다. 이를 멘델의 '분리의 법칙'이라고 합니다. 멘델이 콩의 색뿐 아니라 다른 형질을 비교해 봐도 우성과 열성의 비율은 언제나 3:1이었어요. 그는 이러한 법칙을 정리하기 위해 그 많은 완두콩을 일일이 분리하고 개수를 세는 작업을 몇 년씩이나 계속했습니다.

오늘날 우리는 3:1의 비율이 나오는 이유를 쉽게 설명할 수 있어요. 감수분열에 의해 생식세포에서 대립유전자가 하나씩 나누어져 들어가기 때문이지요. 멘델은 그러한 사실까지는 몰랐지만 실험을 통해 일정한 비율을 발견한 것입니다. 참 대단한 노력과 끈기가 필요한 일을 해낸 거지요.

분리의 법칙에 따른 우성과 열성의 비율을 이해하려면 완두를 유전자형으로 표시할 수 있어야 해요. 황색 완두콩이라고 하는 것은 표현형입니다.

황색 콩이 나오는 완두의 유전자형은 YY이고, 녹색 콩이 나오는 완두의 유전자형은 yy입니다. 두 완두를 교배한 잡종 1대에서 콩은 모두 황색입니다. 우열의 원리가 작용하기 때문이지요. 그런데 잡종 1대의 표현형은 황색이지만 유전자형은 Yy입니다. 서로 다른 유전자가 섞여 있지요? 그래서 이 완두는 잡종인 것입니다.

우성일 경우에는 표현형만으로는 순종인지 잡종인지 알

수 없어요. 유전자형이 YY와 Yy인 완두 모두 황색 콩이므로 어떤 완두가 순종인지 알 수 없지요. 하지만 열성인 형질에는 잡종이 없습니다. 녹색 콩이 나오는 완두는 무조건 순종이에요. 표현형이 녹색이 되려면 yy밖에 없기 때문이지요.

어떤 유전자형의 완두가 나오는지 한눈에 살펴보려면 '퍼네트 사각형'이라는 도표를 그려 보면 편리해요. 이 방법은 영국의 생물학자 레지널드 퍼네트가 고안했습니다. 마름모를 그린 다음 각 변에 암과 수의 유전자 조합을 써 보면 자

유전자형의 표시 방법

겉으로 드러난 형질은 '표현형'이라고 하고, 표현형이 나타나도록 만드는 대립유전자의 조합은 '유전자형'이라고 합니다. 완두를 예로 들면 표현형은 '황색', '녹색', '둥근'과 같은 특징입니다. 유전자형은 알파벳으로 쓰는데 우성은 대문자, 열성은 소문자로 표시합니다.

황색 콩이 나오는 완두는 노랗다는 뜻의 영어 단어가 'Yellow'이므로 YY로 표시합니다. 녹색 콩이 나오는 완두는 이와 구분하기 위해 소문자 yy로 표시합니다. 문자를 2개 사용하는 이유는 상동염색체마다 유전자를 2개씩 가지고 있다는 것을 보여 주기 위해서입니다. 순종일 경우 같은 문자 2개를 사용하며 잡종은 Yy로 표시합니다.

손이 가질 수 있는 모든 유전자 조합을 알 수 있습니다.

황색 콩이 나오는 순종 완두와 녹색 콩만 나오는 완두를 교배했을 때 YY와 yy로 만들 수 있는 유전자 조합은 Yy밖에 없습니다. 그래서 잡종 1대에는 유전자형이 Yy인 황색 완두콩만 나오지요. 이 잡종 1대를 자가수분해 보면 더욱 다양한 유전자 조합이 가능해집니다. Yy와 Yy를 조합하면 YY, Yy, yy의 3가지가 나오지요. 그런데 유전자형은 3가지이지만 표현형은 황색과 녹색의 2가지뿐이에요.

그림의 사각형에서 황색 칸을 세어 보세요. 12개지요? 녹색은 4개입니다. 따라서 '황색 완두콩 : 녹색 완두콩 = 3 : 1'입니다.

지금까지는 완두를 예시로 황색과 녹색의 한 가지 대립형질만 가지고 설명했습니다. 대립형질이 더 다양할 때도 좀 더 복잡할 뿐 원리는 같습니다. 우열의 원리와 분리의 법칙을 적용하면 많은 대립형질에서도 일정한 원칙이 성립함을 알 수 있어요. 멘델은 각각의 대립형질이 다른 대립형질의 영향을 받지 않고 독립적으로 유전된다는 사실을 발견했습니다. 이를 '독립의 법칙'이라고 해요.

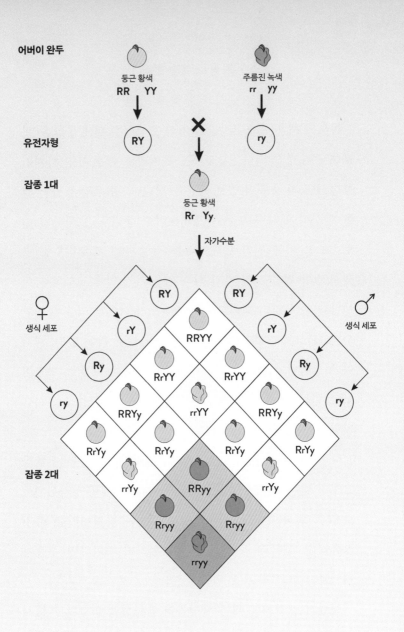

퍼네트 사각형을 이용해 살펴보는 완두의 유전자 조합

복잡한 유전 현상

몸통의 색은 금빛이지만 갈기와 꼬리털은 흰색인 말을 '팔로미노'라고 합니다. '팔로미노종'이라고 부르기도 하지만 사실 별도의 품종이 있는 것은 아닙니다. 털 색깔에 앞서 말한 특징이 있다면 모두 팔로미노라고 불러요. 그렇다면 팔로미노는 어떤 원리로 태어나는 것일까요? 팔로미노는 갈색의 진한 털을 가진 말과 흰색 털을 가진 말을 교배하면 탄생합니다. 우열의 원리로는 팔로미노가 나오는 것을 설명할 수 없습니다. 갈색이 우성이라면 갈색 털을 가진 말만, 흰색이 우성이면 흰색 털을 가진 말만 나와야 하니까요. 팔로미노 토끼도 있는데, 이 토끼는 갈색 털과 흰색 털을 동시에 지니고 있어요.

사실 자연에서는 우열의 원리를 철저히 지키는 경우보다 그렇지 않은 예외가 더 많습니다. 그래서 예전 교과서에는 '우열의 법칙'이라고 표현했다가 이제는 법칙이라고 하지 않습니다. 생물이 우열의 원리를 철저히 따랐다면 누군가 멘델보다 더 먼저 유전 법칙을 알아냈을지도 모르지요.

멘델의 발견 이전에는 사람들이 융합설을 믿었다고 했지요? 금어초라는 식물의 꽃을 보면 융합설과 맞아떨어지는

금빛 몸통에 흰색의 갈기와 꼬리털을 지닌 팔로미노는 우열의 원리로는 설명할 수 없습니다.

것처럼 보입니다. 순종인 붉은색 금어초와 흰색 금어초를 교배하면 잡종 1대에서는 분홍색 금어초만 나옵니다. 이를 보면 융합설이 맞는 것처럼 보입니다. 붉은색과 흰색을 섞으면 분홍색이 나오니까요.

그런데 융합설이 틀렸다는 것은 분홍색 금어초와 흰색 금어초를 교배해 보면 알 수 있습니다. 융합설에 따르면 더 옅은 분홍색의 금어초가 나와야 하지만, 신기하게도 분홍색과 흰색이 1:1의 비율로 나옵니다. 꽃의 색이 더 옅어지지 않아요. 분홍색 금어초와 붉은색 금어초를 교배해도 분홍색과 붉은색이 1:1의 비율로 나와요. 이 현상은 금어초의 붉은색 유전자와 흰색 유전자가 서로 우열 관계가 없는 '불완전우성'이기 때문입니다. 유전자 사이의 관계가 불완전우성일 때 나타나는 유전 현상을 '중간유전'이라 불러요.

사람의 혈액형도 불완전우성입니다. A형의 혈액형과 B형의 혈액형 사이에 우열 관계가 있다면 자식은 A형이나 B형의 혈액형만 나와야 합니다. 하지만 A형과 B형은 불완전우성입니다. 부모가 A형과 B형이면 자식은 A형과 B형뿐 아니라 AB형과 O형까지 모든 혈액형을 다 가질 수 있습니다.

혈액형을 결정하는 유전자 사이에는 A=B〉O의 우열 관계가 있습니다. 그래서 표현형이 A형이라고 하더라도 A형의 유전자형은 AA와 AO의 2가지가 있습니다. B형도 마찬가지로 BB와 BO의 2가지가 있지요. 따라서 부모의 유전자형이 AO와 BO인 경우 자식들의 유전자형은 AO, BO, AB, OO형이 모두 가능한 것입니다.

또한 사람의 혈액형은 A, B, O의 3가지 유전자가 관여하는 '복대립유전'을 해요. 복대립유전은 하나의 형질을 결정하는 데 3개 이상의 유전자가 관여할 때 일어납니다. 토끼 털 색에는 유전자 4개가 관여해요.

하나의 형질이 여러 쌍의 유전자에 의해 결정되는 '다인자 유전'도 있습니다. 키나 몸무게 같은 것이 다인자 유전인

데, 다인자 유전은 환경의 영향도 많이 받습니다. 부모가 키가 크더라도 자녀가 잘 먹고 충분한 운동을 하지 못하면 키가 작을 수도 있습니다.

과학자들은 일란성 쌍둥이를 통해 유전과 환경의 관계를 연구하고 있습니다. 일란성 쌍둥이는 유전적으로 완벽하게 같아요. 서로 다른 집안에 입양되어 성장한 두 사람 사이에 차이점이 생긴다면 그건 환경에 따른 것이라고 할 수 있습니다.

성별에 따라 다른 유전

혈액형은 부모의 성별을 가리지 않습니다. 아버지가 A형인지 어머니가 A형인지는 중요하지 않아요. 하지만 색맹 유전은 다릅니다. 아버지와 어머니 중 누가 색맹인지에 따라 자식들에게 다른 유전 결과가 나타납니다. 이런 현상을 성별과 관련된 유전이라는 뜻에서 '반성유전'이라고 불러요. 색맹 유전이 성별에 따라 다르게 나타나는 것은 색맹을 결정하는 유전자가 성염색체인 X염색체에 있기 때문입니다. 색맹 유전자를 X'로 표시해 봅시다. 남성은 Y염색체와 X염색체 모두를, 여성은 X염색체만을 가집니다. 만약 아버지가 색맹($X'Y$)이고 어머니가 정상(XX)이라면 자식들은 모두 정상입니다.

그런데 어머니가 겉으로는 정상이어도 색맹 유전자를 지닌 '보인자'라면($X'X$) 색맹인 딸($X'X'$)이 태어날 수 있습니다. 보인자란 유전병의 유전 인자는 가지고 있으나, 그 병이 겉으로 드러나지 않은 사람을 가리킵니다. 어머니가 색맹($X'X'$)이라도 아버지가 정상(XY)이라면 딸은 정상($X'X$)입니다. 색맹 유전자는 정상 유전자에 비해 열성이므로 딸이 색맹 유전자를 하나만 가지고 있을 때는 정상이 되는 것이지요. 하지만 아들은 X염색체가 하나밖에 없으므로 보인자를 가질 수 없습니다. 따라서 색맹 유전자가 아예 없다면 정상이지만 그렇지 않다면 색맹이 됩니다.

헌팅턴병은 4번 염색체에 있는 헌팅턴 유전자에 이상이 있어서 생기는 유전병입니다. 이 병은 우성이라서 부모 중한 사람이라도 이 병에 걸렸다면 자식도 이 병에 걸릴 가능성이 50퍼센트가 됩니다. 만약 헌팅턴병을 일으키는 유전자를 가졌다는 검사 결과를 받았다면, 100퍼센트 확률로 병에 걸리게 됩니다. 안타깝게도 치료법은 아직 개발되지 않았습니다. 언젠가 유전자 치료법이 개발되기를 바라야겠지요.

많은 질병이 유전자의 영향을 받습니다. 현대 과학계에서 유전자에 대한 연구가 활발히 이루어지면서 유전과 관련 있는 질병은 더 많이 밝혀지고 있습니다. 미래에는 유전의 영향을 받는 생명 현상이 점점 더 많이 드러날 거예요. 그래서 21세기를 유전학의 시대라고 하는 것입니다.

대륙의 이동

음악

움직일까?

아주 놀라운 일이 생겼을 때 '경천동지(驚天動地)'라는 사자성어를 사용합니다. 한자 그대로 풀이하면 '하늘이 놀라고 땅이 움직인다'는 뜻입니다. 천둥과 번개가 치는 하늘은 종종 볼 수 있지만, 땅이 움직이는 현상은 그보다 경험하기 어렵습니다. 믿기지 않겠지만 땅은 지진이 났을 때만 움직이는 것이 아닙니다. 오랜 옛날부터 땅은 먼 거리를 떠다녔습니다. 마치 뗏목처럼요. 과거에 '땅이 떠다닌다'고 주장하면 틀림없이 미친 사람 취급을 받았을 겁니다.

땅은 왜 움직이는 것일까요?

지구는 어떻게 생겼을까요? 여러 신화에 따르면 신들은 모래놀이를 하듯 바다와 육지를 재미 삼아 만들었다고 합니다. 과거 사람들은 세상의 땅이 평평하다고 여겼어요. 실제로 높은 산에 올라가서 지평선을 살펴보면 땅은 끝없이 평평해 보입니다.

커다란 육지가 형성되는 과정을 과학적으로 밝혀내기는 쉽지 않았습니다. 무슨 연구를 어디서부터 해야 할지 정하는 것도 쉽지 않았지요. 화산이 터지거나 지진이 일어나는 일을 과거 사람들은 어떻게 설명했을까요?

지구의 탄생을 두고 가장 강력한 영향력을 발휘한 이야기는 성경에서 나왔습니다. 중세 시대에는 교회의 권위가 대단했으니 이상할 것도 없지요. 영국 국교회의 대주교였던 제임스 어셔는 성경에 나온 이야기를 그대로 계산해 지구가 기원전 4004년 10월 23일에 탄생했다고 주장했습니다. 그리고 '노아의 홍수'를 제외하면 큰 지질학적 사건도 없었다고 했습니다. 노아의 홍수는 성경의 창세기에서 묘사하는 대홍수입니다. 오랜 옛날 신은 너무 많은 죄악을 저지르는 인간 사회를 멸망시키고자 40일 동안 지구에 엄청난 양의 비를 쏟아부었고 이로 인해 홍수가 났습니다. 이때 노아라는 인물과 그의 가족, 그리고 몇몇 지상의 동물만이 방주 속에서 홍수를 피했다고 합니다. 성경에 따르면 노아와 방주에 탄 동물들이 오늘날 지구 생명체의 조상인 셈입니다.

물론 모든 사람들이 어셔처럼 생각했던 것은 아닙니다. 어셔보다 훨씬 과거에 활동한 아리스토텔레스는 높은 산에서 발견되는 조개 화석을 이상하게 여겼습니다. 화석을 보고 산이 과거에는 바다였겠다는 생각을 품었습니다. 그는 지질학에도 관심이 많았다고 하니 대단하지요.

조개 화석과 조륙운동

이탈리아 나폴리의 세라피스 사원 기둥에는 조개가 구멍을 뚫어 놓은 흔적이 남아 있습니다. 그 흔적은 수면보다 6미터나 높은 곳에서도 발견됩니다. 조개가 이렇게 높은 곳으로 올라갈 수는 없으므로 이 기둥은 땅이 위로 솟아오른다는 사실을 보여 줍니다. 육지가 위로 올라오면서 해수면의 높이가 낮아져 조개의 흔적이 남은 것입니다.

이와 반대로 해안선이 복잡한 리아스식 해안은 육지가 가라앉고 해수면은 올라가면서 만들어집니다. 이렇게 지반이 올라오거나 가라앉는 것을 '조륙운동'이라고 합니다.

성경을 믿었던 학자들은 산에서 조개 화석이 발견되는 현상을 어떻게 설명했을까요? 그들은 노아의 홍수 때 물이 넘쳐서 대륙이 바다 속에 잠겼을 때 조개가 올라온 것이라 생각했습니다.

15세기부터 유럽인들은 아메리카와 아프리카, 아시아로 향하는 항로를 활발하게 개척하는 '대항해 시대'를 열었습니다. 유럽 사람들은 배를 타고 세계 곳곳으로 탐험을 떠났어요. 그리고 항해에 필요한 지도를 만들며 각 대륙의 윤곽을 서서히 그려 나갔습니다. 16세기에 이르자 지도 제작 기술이 날로 발전했습니다. 흥미로운 점은 세계지도 속 대륙들을 오려 붙여 보면 마치 퍼즐 조각처럼 딱 들어맞았다는 것입니다. 당시 사람들 대부분은 이 현상을 우연의 일치라고만 여겼습니다.

하지만 이것이 우연의 일치가 아닐지도 모른다고 생각한 사람들도 있었어요. 영국의 철학자인 프랜시스 베이컨은 1622년 《신기관》이라는 책에서 대륙의 모양에 관한 생각을 밝혔습니다. '자연 해석과 인간 세계에 관한 잠언들'이라는 책의 부제가 뜻하듯 그는 자연을 해석하는 데 있어서 오늘날의 과학자처럼 관찰과 경험을 중요시했습니다. 대륙의 해안선이 이렇게 비슷한 데는 무언가 이유가 있을 것이라 여

16세기 스페인의 탐험가 콜럼버스가 아메리카 대륙에 도착한 장면을 묘사한 그림입니다. 대항해 시대 탐험가들이 항로를 개척하면서 지질학에 대한 인류의 지식도 늘어났습니다.

겼습니다. 하지만 그 당시의 과학으로는 궁금증을 풀 수 없었습니다. 프랑스의 철학자 데카르트도 지구의 탄생이 거대한 자연 현상의 일부분이라고 여겼습니다. 하지만 종교의 힘이 절대적이었던 당시 사회는 이런 의심을 함부로 말할 수 있는 분위기가 아니었습니다.

당시 교회는 이미 갈릴레이의 지동설로 타격을 입었지만

과학을 종교와 상관없이 연구할 수 있도록 허락하지 않았어요. 지질학 연구도 성경에 어긋나서는 안 된다고 압박했습니다. 하지만 시간이 흘러 18세기에 들어서자 교회의 권위에 도전하는 과학자가 점점 늘어났습니다. 프랑스의 박물학자 조르주 뷔퐁도 그런 인물이었어요. 뷔퐁은 지구가 태양에서부터 튕겨 나온 물질로 탄생했다고 주장해 교회의 큰 반감을 샀습니다. 지구가 신의 손으로 창조된 것이 아니라 태양에서 나온 물질로 생성되었다는 관점은 성경에 반하는 위험한 생각으로 여겨진 것이지요. 또한 뷔퐁은 뜨거웠던 지구가 식으면서 땅속으로 물이 스며들어 육지가 드러났다는 주장을 펼쳤습니다. 그의 주장에 따르면 산 위에서 조개 화석이 발견되는 이유도 설명할 수 있었지요.

대륙이동의 증거들

18세기 말에는 지질학의 아버지로 불리는 영국의 지질학자 제임스 허튼이 등장했습니다. 허튼이 활동하기 이전 대부분의 사람은 성경에 따라 '천변지이설(격변설)'을 믿고 있었어요. 노아의 홍수와 같은 갑작스러운 재앙으로 오늘날의 세상이 만들어졌다고 생각한 것입니다.

원래 허튼은 스코틀랜드에서 농사를 짓던 의사였습니다. 농사를 지으며 땅을 관찰하다가 지각이 엄청난 재앙 때문에 형성되었다는 오래된 믿음에 의심을 품었어요. 그는 먼 과거부터 발생해 온 땅의 **침식**과 **퇴적**이 지표 모양에 영향을 주었다는 '동일과정설'을 주장했습니다. 동일과정의 원리는 오늘날에도 지질학을 연구하는 기본적인 원리 중의 하나입니다.

과거 학자들은 대륙의 모양이 변화한 과정을 설명하는 데도 노아의 홍수 이야기를 근거로 삼았습니다. 성경 속 신은 인간을 심판하는 일부터 대륙을 가르는 일까지 참으로 다양한 용도로 홍수를 사용했지요? 1858년 프랑스의 지질학자 안토니오 스니데르도 대륙이 갈라진 이유를 노아의 홍수에

TIP

침식과 퇴적

침식은 바위, 돌, 흙 등의 지각이 빗물이나 냇물, 바람 등으로 깎여 나가는 현상을 뜻합니다. 지하수, 해수, 빙하도 침식 작용을 일으키는 요인이 됩니다. 퇴적은 암석의 파편이나 흙 알갱이가 물, 빙하, 바람 등에 의해 운반되어 쌓이는 현상을 가리킵니다.

서 찾았어요. 엄청난 양의 빗물이 대륙을 순식간에 갈라놓았다고 주장했습니다.

독일의 지질학자이자 탐험가였던 알렉산더 훔볼트는 중남미 지역으로 탐험을 떠났습니다. 그 지역에 분포하는 식물부터 화석과 지질까지 조사해서 세상에 알렸지요. 그러다가 그는 아프리카 대륙의 해안과 남아메리카 대륙의 해안 사이에 비슷한 점이 많다는 것을 발견했습니다.

인류의 탐험이 활발해지면서 지질학에 대한 지식도 날이 갈수록 쌓여 갔습니다. 지층을 연구하는 탐험가와 지질학자들은 다양한 화석을 수집해 유럽으로 가져왔습니다. 화석을 비교해 보던 과학자들은 흥미로운 사실을 깨달았어요. 바로 세계 각 지역에서 같은 종류의 화석이 발견된다는 점입니다. 도대체 멀리 떨어진 대륙에서 어떻게 같은 화석이 발견되는 것일까요? 육지에서만 살고 바다를 헤엄칠 수 없는 생물의 화석이 바다 건너에서 발견된다는 것은 정말 신기한 일이었습니다.

에두아르드 쥐스와 같은 과학자들은 서로 멀리 떨어진 대륙에서 같은 화석이 발견되는 것은 원래 대륙이 붙어 있었기 때문이라고 주장했습니다. 그들의 생각에 대륙이 만들어지는 방법은 크게 2가지였습니다. 원래 연결되어 있던 땅의 일부가 바다 속으로 가라앉었거나, 하나의 땅이 두 쪽으로 갈라지는 것이었지요. 일부 대륙이 바닷속으로 가라앉었다고 설명한 쥐스의 이론을 '육교설'이라고 부릅니다. 1908년 미국의 지질학자 토머스 테일러는 대륙지각이 해양지각 위에서 떠다닌다는 가설을 내놓았습니다. 하지만 큰 주목을 끌지는 못했어요. 당시 지질학자 대부분은 그의 생각을 황당하다고만 여겼습니다.

테일러의 주장에 관심을 보인 사람은 엉뚱하게도 독일의 기상학자 알프레드 베게너였습니다. 당시 독일은 지질학계에서는 변방에 속했지요. 1911년 베게너는 도서관에서 우연히 고생물 화석에 관한 자료를 읽은 것을 계기로 대륙의 해안선이 일치하는 이유를 연구하기 시작했습니다. 그는 남아메리카와 아프리카처럼 서로 멀리 떨어진 대륙에서 같은 종류의 달팽이가 발견되는 것을 단지 육교설로만 설명하기는 어렵다고 느꼈습니다. 이는 달팽이가 아니라 대륙이 이동한 결과일지도 모른다고 생각했습니다. 그래서 대륙이 움직인다는 사실을 입증할 만한 증거를 하나하나 수집했어요. 베게너는 수집한 근거를 바탕으로 1912년 지질학회에 《지각의 거시적 모양의 진화에 대한 지구물리학적 기초》라는 논문을 제출했습니다.

1930년 베게너(왼쪽)는 대륙이동설의 증거를 수집하기 위해 그린란드로 탐험을 떠났습니다. 그는 저서를 세 차례나 개정할 정도로 대륙이동설 연구에 뜨거운 열정을 보였습니다.

당시 지질학자들은 그의 논문을 관심 있게 읽어 보기는커녕 비웃었습니다. 대륙이 마치 뗏목처럼 떠다니며 충돌하거나 갈라지는 모습은 본 적도 없고 상상하기도 어려웠기 때문입니다. 베게너는 이에 굴하지 않고 계속 자료를 수집해 1915년 《대륙과 대양의 기원》이라는 제목의 책을 펴냈습니다. 이때도 새로운 학설이 주목을 받기에는 별로 좋지 못한

때였어요. 1914년에 1차 세계대전이 발발했기 때문입니다. 전쟁 중에 이 황당한 학설에 관심을 보일 사람은 별로 없었지요. 그럼에도 그는 꾸준히 자료를 보강해 가며 1920년부터 1922년, 1929년에 이르기까지 개정판을 세 차례나 출간했습니다.

베게너는 다음과 같은 것들이 대륙이동의 증거라고 여겼습니다.

1. **해안선의 일치**: 남아메리카 대륙의 동쪽 해안선과 아프리카 대륙의 서쪽 해안선이 서로 잘 맞춰진다.

2. **화석의 분포**: 원시 파충류인 메소사우루스와 고생대 식물 글로소프테리스의 화석이 발견된 대륙을 붙여 보면 화석의 분포 장소가 이어진다.

3. **빙하의 흔적**: 남극을 중심으로 대륙들을 붙여 보면 지구에 남아 있는 빙하의 흔적들이 이어진다. 또한 인도나 아프리카와 같은 열대 지방에서 빙하의 흔적이 발견된다.

4. **산맥의 분포**: 북아메리카와 유럽의 대륙을 이어 보면 두 대륙의 산맥이 이어진다.

베게너는 이러한 증거를 바탕으로 3억 년 전 고생대의 대륙은 '판게아('모든 땅'이라는 뜻)'라고 하는 하나의 커다란 땅이었다고 주장했어요. 이 판게아가 점차 분리되어 현재와 같은 7개의 대륙이 되었다는 것입니다.

지구 내부에서 벌어지는 일

전쟁이 끝나자 베게너의 책이 빛을 보기 시작했습니다. 그의 책이 여러 언어로 번역되어 출간되자 지질학자들 사이에서 논쟁이 시작되었습니다.

베게너의 이론을 믿는다고 하더라도 그의 주장에는 큰 문제가 있었습니다. 대륙이 이동한다면 그것을 가능케 하는 원동력은 어디에서 나오느냐 하는 것이었어요. 베게너가 활동한 시대에는 지구 내부의 구조에 대해 알려진 것이 거의 없었습니다. 베게너는 지구의 자전과 중력 때문에 대륙이 이동한다고 했지만, 대륙이동의 원리를 완벽하게 설명할 수는 없었습니다.

지금까지 인류가 지구를 직접 파고들어간 깊이는 지구 반지름의 0.2퍼센트 정도밖에 되지 않습니다. 지금도 지구 내부를 직접 탐사하기는 어렵습니다. 그래서 과학자들은 지진파를 이용한 간접적인 방법으로 지구 내부를 연구합니다. 지구 내부를 지날 수 있는 지진파는 물질의 밀도와 상태에 따라 전파 속도가 다릅니다. 과학자들은 이를 토대로 지구가 지표면과 가까운 순서대로 지각, 맨틀, 외핵, 내핵이라는 4개 층으로 되어 있다는 사실을 밝혀냈습니다. 이 중에서 맨틀은 지구 표면인 지각과 외핵 사이의 고체로 된 층으로, 지표로부터 약 30킬로미터에서 2,900킬로미터 깊이에 있는 부분입니다.

1928년 영국의 아서 홈스는 베게너가 설명하지 못했던 대륙이동의 원리로 '맨틀의 대류'를 제시했어요. 대류는 기체나 액체에서 뜨거운 부분은 위로 올라오고 차가운 부분은 아래로 내려가는 현상을 뜻합니다. 그는 맨틀 내부에서 방사성 물질이 뜨거운 열을 내뿜어 대류가 일어난다고 설명했습니다.

1929년 세 번째 개정판을 낸 후 베게너는 더 많은 증거를 확보하려고 1930년 그린란드로 탐험을 떠났어요. 하지만 안타깝게도 과로와 추위 때문에 연구소로 귀환하지 못하고 눈 속에서 얼어 죽고 말았습니다. 대륙이동설은 베게너의 죽음과 함께 서서히 잊힐 위기에 놓였습니다.

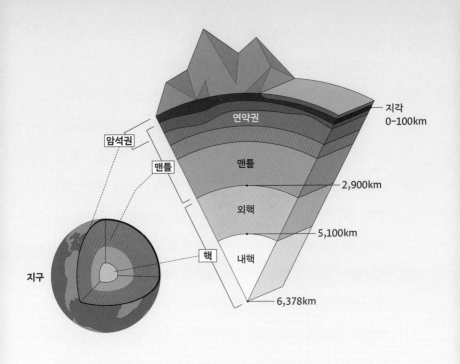

지구 내부의 구조

　대륙이동설의 부활을 알리는 신호탄은 뜻밖에도 바다 깊
은 곳에서 나왔습니다. 미국의 지질학자 해리 헤스는 2차
세계대전 때 미군의 수송선 함장으로 복무했습니다. 당시
미군은 해안에 접근하는 적의 잠수함을 찾기 위해 음향측심
기라는 장비를 사용하고 있었습니다. 음향측심기는 음파를
이용해 바다의 깊이를 측정하고 심해의 모습을 탐지할 수
있는 장치였어요. 지질학자였던 헤스는 이 장비를 해저 탐

사에도 이용했습니다.

 전쟁 중에도 꾸준히 해저를 연구하며 지질학자로서 자신의 재능을 낭비하지 않았던 헤스에게 행운이 찾아왔습니다. 해저에서 '기요'를 발견한 것입니다. 기요는 꼭대기가 편평하게 깎인 화산을 말해요. 깊은 바다 속에 기요가 있다는 건 쉽게 납득하기 어려웠습니다. 기요가 생기려면 화산이 물 밖에 있다가 물속으로 잠겨야 했거든요.

 전쟁이 끝나고 헤스는 해저 연구를 계속하면서 새로운 사실을 발견했습니다. 중앙해령에서 2억 년 이상 되는 지층은 없다는 것이었습니다. 바다는 적어도 40억 년 전에 생성되었으므로 정말로 이상한 일이었어요. 그리고 퇴적물이 해양에 오랜 세월 동안 쌓였다면 그 두께도 엄청나야 하는데 해양지각은 너무 얇았습니다. 헤스가 발견한 사실을 설명할 방법은 하나뿐이었어요. 해령에서 새로운 해저지각이 생성되고, 해구에서 오래된 지각이 사라진다고 생각할 수밖에 없었지요. 이는 해양지각이 움직인다는 증거였습니다.

 헤스는 신중하게 결론을 내리고자 했습니다. 그때까지도 베게너의 대륙이동설을 믿지 않는 과학자들이 훨씬 더 많았기 때문이지요. 헤스의 논문을 읽은 지질학자 로버트 디츠는 헤스의 생각을 '해저확장'이라고 표현했어요. 1926년에 헤스와 디츠는 함께 '해저확장설'을 발표했습니다.

이후 꾸준히 해저 탐사가 이뤄져 해저의 지형도가 완성되자 사람들은 중앙해령의 크기에 놀라지 않을 수 없었어요. 중앙해령은 엄청나게 넓은 대양 해저에 거대한 주름을 형성하고 있었습니다.

해령에서는 매년 2~12센티미터 정도의 새로운 해양지각이 만들어집니다. 새롭게 형성된 지각은 원래 있던 지각을 밀고, 떠밀린 기존의 지각은 대륙 쪽으로 밀려가게 됩니다. 그런데 해양지각은 대륙지각보다 밀도가 높습니다. 대륙지

TIP

해령, 중앙해령, 해구

해령은 깊은 바다 밑에 산맥처럼 솟은 지형을 뜻합니다. 그중에서 중앙해령은 지구 대양 아래에 자리한 엄청난 크기의 산맥으로, 2,000~3,000미터의 높이이며 폭은 수십에서 수천 킬로미터에 달합니다. 대서양과 인도양, 태평양에 걸쳐 있으며 총 길이는 7킬로미터가 넘습니다. 홈스의 맨틀대류설에 따르면, 중앙해령은 맨틀이 상승해 해양지각을 뚫고 올라오는 곳에서 만들어집니다.

해구는 대양 밑바닥에 움푹 들어간 곳을 뜻하는데, 제일 깊은 곳의 수심은 6,000미터가 넘습니다.

각과 해양지각이 서로 충돌하면 밀도가 높은 해양지각은 대륙지각 밑으로 파고들어가게 됩니다. 이렇게 해서 만들어지는 곳이 해구입니다. 즉 해구는 오래된 해양지각이 소멸하는 곳이랍니다.

대륙이동의 가장 강력한 증거는 '고지자기학'이라는 학문을 통해 밝혀졌어요. 고지자기학은 암석에 새겨진 지구의 자기장을 연구하는 학문입니다. 영국의 물리학자 키스 런콘은 암석에 남은 자기장을 측정했습니다. 마그마가 분출해 서서히 식는 동안 암석에 있는 자성 물질은 지구의 자기장을 따라가는 성질이 있습니다. 지구의 자기 북극과 남극은 위치가 변하지만 항상 각각 하나씩 있어요. 따라서 암석에 남아 있는 자기를 측정해서 그때 생성된 다른 암석과 비교하면 지각의 이동을 추적할 수 있지요.

해양지각이 이동했다는 것은 베게너의 대륙이동설이 옳다는 뜻이기도 했습니다. 1967년 미국의 지구물리학회에서 프린스턴 대학교의 모건 교수는 해저 확장으로 지각이 이동하는 현상을 수학적으로 풀이했습니다. 베게너가 죽고 난 뒤 거의 40여 년 동안 이어졌던 논란은 후대 학자들의 연구 결과로 종지부를 찍게 되었습니다.

모든 지질 현상을 설명하는 판구조론

해저확장설의 등장으로 대륙이동설은 다시 부활했어요. 그렇다고 베게너의 주장 그대로 부활할 것은 아니며 '판구조론'이라는 더욱 발전한 이론으로 등장했습니다.

판구조론이 대륙이동설과 다른 점은 대륙이 아니라 '판'이 이동한다고 설명하는 것입니다. 판은 두께가 100킬로미터쯤 되는 매우 커다란 땅덩어리입니다. 판구조론에 따르면 지각은 10여 개의 커다란 판과 여러 개의 작은 판으로 이루어져 있습니다. 이 판이 이동하면서 대륙이 움직이는 것이지요.

지각은 암석권과 연약권으로 되어 있는데, 암석권 밑에 있는 연약권은 굳기 직전의 엿처럼 끈적한 고체로 이루어져 있어서 아주 서서히 움직일 수 있어요. 맨틀 대류에 따라 연약권이 움직이면 위에 있는 암석권도 같이 이동하지요. 라면을 끓일 때 물이 끓으면 건더기들이 움직이는 것과 비슷해요.

판구조론은 지구상의 모든 지질 현상이 판의 움직임에 따라 일어난다고 설명합니다. 그렇기에 지각에서 일어나는 모든 현상을 한꺼번에 이해할 수 있게 하지요. 해령이나 해구

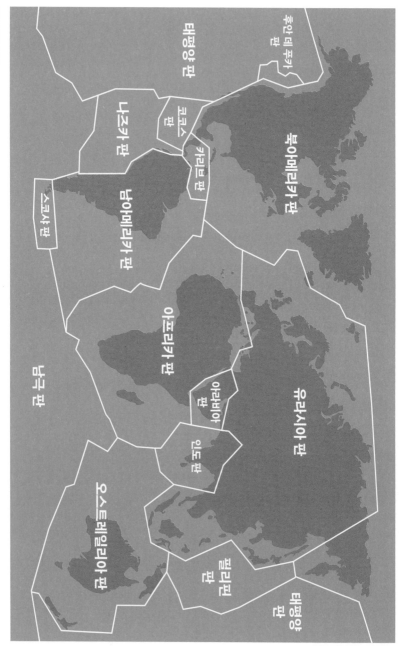

태평양 판

후안데푸카 판

나즈카 판

코코스 판

카리브 판

북아메리카 판

남아메리카 판

스코샤 판

남극 판

카리브 판

유라시아 판

아라비아 판

아프리카 판

인도 판

오스트레일리아 판

필리핀 판

태평양 판

대륙의 이동

150

생성의 비밀뿐 아니라 지진이나 화산 폭발이 왜 특정 지역에서 많이 생기는 것인지, 히말라야산맥과 같은 커다란 습곡 산맥이 왜 만들어지는지 알려 줍니다. 높은 산에서 조개 화석이 발견되는 이유도요. 판구조론은 지구과학에 혁신을 불러일으켰습니다. 그 출발점은 바로 베게너의 이론이었습니다.

판의 경계에서는 지진과 화산 활동이 활발하게 일어납니다. 지진이 많이 발생하는 곳과 화산 폭발이 많이 발생하는 곳은 서로 겹칩니다. 미국 알래스카주의 알류샨 열도에서 일본을 거쳐 대만과 인도네시아, 뉴질랜드로 이어지는 지역을 '환태평양 조산대'라고 부릅니다. 지진과 화산 활동이 활발하다는 뜻에서 '불의 고리'라고도 부릅니다.

판과 판이 만나는 경계 지점을 판의 경계라고 하는데, 여기에는 3가지 종류가 있습니다. 발산형 경계, 수렴형 경계, 보존형 경계입니다.

'발산형 경계'는 판이 서로 멀어지는 곳입니다. 맨틀이 상승함에 따라 판과 판이 갈라지면서 해령이 생깁니다. 대서양 중앙해령이 대표적인 곳입니다. 또한 대륙판과 대륙판이 멀어지는 아프리카에는 동아프리카 열곡대와 같은 지형이 생기기도 합니다.

'수렴형 경계'는 판과 판이 가까워져 충돌하는 지역입니다. 이곳에서 만들어진 대표적인 지형이 해구와 습곡 산맥입니다. 필리핀 해구는 해양 판인 필리핀 판이 육지 판인 유라시아 판 아래로 들어가면서 만들어졌어요. 수렴형 경계에서는 습곡 산맥도 만들어집니다. 히말라야산맥은 유라시아 판과 인도 판이 충돌하면서 만들어졌어요. 세계에서 가장 깊은 바다와 가장 높은 산맥이 모두 판의 충돌로 생성되었다는 것이 신기하지요?

'보존형 경계'는 두 판이 어긋나는 곳입니다. 그래서 지진은 많이 발생하지만 화산 활동은 거의 볼 수 없어요. 지층이 서로 어긋나면서 변환 단층이 생기지요. 미국의 샌안드레아스 단층이 대표적인 변환 단층이랍니다.

판구조론을 통해 지질 현상을 설명할 수 있게 되면서 판을 이동시키는 힘에 대한 연구도 활발하게 이루어졌습니다. '플룸 구조론'은 판을 이동시키는 맨틀의 운동을 체계적으로 설명하기 위해 등장한 이론입니다. 플룸은 '기둥'이라는 뜻입니다. 이 이론에 따르면 차가운 맨틀(찬 플룸)은 외핵을 향해 내려가고 뜨거운 맨틀(뜨거운 플룸)은 지각 쪽으로 올라갑니다.

맨틀의 힘만으로는 해양 판을 해령에서 해구까지 밀기 어려워요. 플룸 구조론은 이 문제까지 설명합니다. 해구로 가라앉는 판에서 차가운 플룸이 만들어지고 이 플룸은 상승하는 따뜻한 플룸을 만들어 냅니다. 아시아 대륙 부근에는 하강하는 플룸이 있고, 남태평양과 아프리카에는 커다란 힘으로 상승하는 플룸이 있다고 해요. 약 1억 년 전의 활발한 화산 활동도 플룸 때문이라는 분석이 있습니다.

지구 내부는 직접 관찰할 수 없으니 우리가 알아낸 사실들은 아직까지 극히 일부에 지나지 않아요. 지구 내부에 대해서는 멀리 떨어진 우주보다 밝혀진 것이 더 없다고 할 정도지요. 그래서 미래에 새로운 사실이 밝혀진다면 또 다른 이론이 등장할 가능성도 많답니다.

빛의 정체

입자일까,

파동일까?

햇빛, 가로등 불빛, 자동차 불빛 등 빛은 우리 일상에 가득해요. 그런데 빛의 정체가 무엇인지 묻는 질문을 받는다면 쉽게 대답하지 못할 거예요.

빛이 있으면 세상이 밝아지고 빛이 없으면 어두워진다는 건 옛날 사람들도 알고 있었습니다. 빛이 있어야 생물이 살아갈 수 있다는 것도 일찍부터 알려졌죠. 빛에 대한 탐구는 눈으로 관찰하는 것에서 출발했어요. '보는 것이 믿는 것이다'라는 영어 속담처럼 보는 것은 모든 연구의 시작이었지만, '본다'는 행위를 가능하게 하는 원리를 탐구하는 것은 그리 간단하지 않았습니다.

빛을 관찰하기 위한 실험

안개나 연기, 구름 사이로 햇빛이 지나가면 빛의 경로를 눈으로도 쉽게 관찰할 수 있지요. 태양이나 횃불처럼 스스로 빛을 내는 물체를 '광원'이라고 해요. 광원에서 나온 빛이 물체에서 반사되고 이것이 눈으로 들어와서 우리는 물체를 볼 수 있어요. 그런데 옛날 사람들이 이 사실을 알아내는 것은 그리 쉽지 않았어요. 거울에 비친 여러분의 모습을 보세요. 얼굴에서 출발한 빛이 거울에 반사되어 눈으로 들어온다는 복잡한 원리를 떠올리기는 어렵지요?

유클리드를 비롯한 고대의 자연철학자들은 눈에서 어떤 광선이 나가서 물체를 본다고 생각했습니다. 눈을 감으면 세상을 볼 수 없는 것도 눈에서 광선이 나가지 않으니 보이지 않는다고 여겼어요. 이런 설명은 실제 경험과도 잘 맞는 듯 보였습니다. 눈에서 광선이 나가는 것이 아니라 눈으로 광선이 들어간다는 생각은 중세 아랍의 과학자 알하젠이 처음 해냈어요.

빛에 대한 실험적 탐구는 16세기 말에 이르러서야 시작됩니다. 그 시작은 미술의 원근법이었어요. 원근법은 빛의 성질에 따라 3차원인 입체 공간을 2차원인 평면에 나타내는

16세기 말에 이르러 빛에 대한 실험적 탐구가 시작됩니다.

기법이에요. 투시원근법은 멀리 있는 물체일수록 작게 표현하는 방법이고, 대기원근법은 멀리 있는 물체를 뿌옇게 표현하는 방법입니다. 모두 빛의 성질을 이용한 것이지요.

렌즈는 빛의 성질을 관찰할 수 있게 해 주는 도구입니다. 빛은 렌즈나 물속을 지날 때 굴절되는 성질이 있습니다. 17세기에는 렌즈 제작 기술이 발전하면서 망원경이나 현미경이 발명되었고, '기하광학' 연구가 활발하게 이루어졌습니다. 기하광학은 거울이나 렌즈를 통과한 빛의 경로를 탐구하는 분야랍니다. 반사의 법칙이나 굴절의 법칙은 기하광학 연구를 통해 발견되었습니다. 두 법칙은 네덜란드의 물리학자

윌리보드 반 로젠 스넬이 발견했습니다.

빛의 속력은 무한할까?

과학자들은 실험을 통해 빛의 여러 가지 성질을 알게 되었어요. 하지만 여전히 빛을 연구하는 데 어려운 부분이 있었어요. 바로 빛의 속력을 알아내는 일입니다. 어떤 일이 빠르게 일어났을 때 '순식간' 또는 '순간'이라는 말을 쓰지요? 이는 눈을 깜빡이는 것과 같이 아주 짧은 시간이라는 뜻입니다. 불교에서 나온 용어인 '찰나'도 같은 의미입니다. 눈을 깜빡이는 시간은 그럼 정확히 얼마나 될까요? 시간으로 따지면 75분의 1초 즉 0.013초에 해당합니다. 정밀한 측정 도구 없이 사람의 감각만으로는 측정하기 어려운 시간이지요. 빛은 눈을 깜빡이는 순간보다도 빠르게 눈으로 들어옵니다. 그래서 옛날부터 사람들은 빛의 속력이 무한하다고 여겼어요.

그런데 빛의 속력이 무한하지 않을지도 모른다는 생각을 한 과학자가 등장했습니다. 이탈리아의 갈릴레이였습니다. 그는 빛에 대한 자신의 생각을 입증하려고 특별한 실험을 고안했습니다. 캄캄한 밤중에 멀리 떨어진 두 산에서 등불을 가지고 빛의 속력을 측정하는 실험이었습니다. 실험 방법은 다음과 같아요.

멀리 떨어진 두 산꼭대기에서 A와 B라는 두 사람이 서로 등불을 보고 신호를 보내는 시간을 측정합니다. 예를 들어 A가 1킬로미터 떨어진 곳에서 등불을 가립니다. 이것을 본 B가 자신의 등불을 가리는 데 걸린 시간을 측정합니다. A와 B 사이의 거리가 2킬로미터이므로 이때 걸린 시간을 측정하면 빛의 속력을 잴 수 있을 것이라는 생각이었어요. 발상 자체는 훌륭하지요. 하지만 빛의 속력이 너무 빨라서 당시 기술로는 그 짧은 시간을 잴 수 없었습니다.

그렇다면 어떻게 빛의 속력을 측정할 수 있을까요? 좀 더 먼 거리에서 빛이 왕복하는 시간을 재면 어떨까요? 덴마크의 천문학자 올레 뢰머는 지구상의 두 지점이 아니라 지구를 벗어난 위치를 생각해 냈습니다. 지구에서 멀리 떨어진 목성의 위성을 이용해 빛의 속력을 측정하는 것이었어요. 목성의 위성 '이오'는 42.5시간을 주기로 목성을 공전합니다. 두 행성과 이오가 궤도를 돌다 지구-목성-이오 순서로 일렬로 놓이면 지구에서 목성에 가린 이오를 관측할 수 없게 됩니다. 빛의 속력이 무한하다면 이오가 다시 나타나는 시간은 지구와 이오 사이의 거리와 무관하게 항상 일정해야 합니다. 그런데 뢰머가 관측해 본 결과 22분의 차이가 생겼어요. 이것은 지구 궤도의 지름만큼 빛이 이동하는 데 걸린 시간을 나타냈어요. 즉 빛의 속력이 무한하지 않다는 뜻이었습니다. 관측 결과를 바탕으로 그는 빛의 속력이 초속 21.4만 킬로미터 정도 된다고 주장했어요. 오늘날 측정한 값인 초속 약 30만 킬로미터(정확한 값은 2.997925×10^8미터)와 비교하면 차이가 있긴 합니다. 당시 알려진 지구 궤도 값이 정확하지 않아서 생긴 오차였어요. 하지만 최초로 빛의 속력을 측정했다는 점에서 큰 의미를 지닌다고 할 수 있습니다.

이후 프랑스의 물리학자 이폴리트 피조는 천체를 이용하지 않고 지상에서 빛의 속력을 측정하는 방법을 제시했습니다. 그는 빛의 반사와 톱니바퀴를 이용해 빛의 속력을 초속 31.3만 킬로미터 정도라고 주장했습니다.

빛은 파동일까?

빛의 속력을 쟀다고 해서 모든 의문이 풀린 것은 아니었어요. 사람들이 궁금하게 여긴 또 다른 한 가지는 빛의 정체였습니다. 빛은 공간을 이동합니다. 빛이 이동한다면 물결처럼 공간을 퍼져 가는 파동일까요? 아니면 보이지 않는 작은 입자가 이동하는 것일까요?

17세기 프랑스의 데카르트는 빛의 정체를 파동이라고 주장했어요. 태양에서 발생한 압력 때문에 지구로 전달되는 파동이 빛이라고 생각했습니다. 어떤 실험적 근거는 제시할 수 없었지만 지구로 파동이 전달되는 이유를 논리적으로 파헤치려 했습니다. 빛이 여러 가지 색을 띠는 이유도 파동으로 설명했어요.

반면 뉴턴은 빛이 입자라고 생각했습니다. 그는 빛을 프

TIP

파동의 성질

한 곳에서 발생한 진동이 주변으로 퍼져 나가는 현상을 파동이라고 합니다. 파동이 발생한 지점은 '파원'이라고 하며 파동을 전달하는 물질은 '매질'이라고 해요. 파동은 매질의 진동 방향과 파동의 진행 방향에 따라 횡파와 종파로 구분합니다. 매질의 진동 방향과 파동의 진행 방향이 서로 수직이면 횡파입니다. 전자기파와 지진파의 S파는 횡파에 속합니다. 매질의 진동 방향과 파동의 진행 방향이 나란하면 종파입니다. 음파나 초음파, 지진파의 P파가 여기에 해당합니다. 파동은 다른 매질을 만나면 반사하거나 굴절하는 성질을 지닙니다.

리즘에 통과시키는 실험을 통해 빛에서 무지개색이 나오는 현상을 관찰하고, 그 색이 빛의 성질이라는 것을 밝혀냈어요. 당시 빛의 본질이 파동인지 입자인지 하는 논쟁이 한창이었는데 뉴턴의 연구는 입자설을 주장하는 학자들에게 큰 힘을 실어 주었습니다. 당시 뉴턴의 명성에 대적할 사람은 없었기 때문입니다.

그런데 대세를 뒤집는 또 다른 실험이 나왔습니다. 1801년 영국의 물리학자 토머스 영은 빛으로 이중슬릿 실험을 했습니다. 그는 빛을 이중슬릿에 통과시켜 밝고 어두운 띠 모양의 '간섭무늬'를 얻을 수 있었습니다. 간섭무늬는 빛이 파동일 때 나타나는 현상으로, 입자설로는 설명할 수 없었습니다. 영의 실험을 근거로 과학자들은 빛이 파동이라고 여기게 되었습니다.

간섭무늬는 왜 파동의 증거가 되는 걸까요? 파동은 2개가 겹치면 진폭이 커지거나 줄어드는 현상이 생깁니다. 이것을 '파동의 간섭'이라고 해요. 파동의 간섭에는 2가지 종류가 있습니다. 파동의 꼭대기인 마루와 마루가 중첩되면 보강 간섭, 마루와 파동의 아랫부분인 골이 만나면 상쇄 간섭이 일어납니다. 영이 빛을 이중슬릿에 통과시켰을 때 밝고 어두운 무늬가 번갈아 나타났습니다. 밝은 무늬는 보강 간섭,

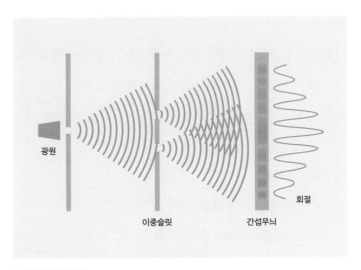

영의 이중슬릿 실험

어두운 무늬는 상쇄 간섭을 타나내는 것이었습니다.

　영국의 물리학자 제임스 맥스웰은 전기와 자기를 연구해 전자기파와 빛의 속력이 거의 같다는 사실을 밝혀냈습니다. 그는 전기학과 자기학을 통합한 전자기학의 기초를 세운 과학자입니다. 그의 업적은 흔히 '맥스웰 방정식'으로 널리 알려져 있어요. 맥스웰 방정식을 변형하면 빛의 속력을 구할 수 있습니다. 맥스웰은 방정식을 통해 계산한 전자기파의 속력과 빛의 속력이 비슷하다는 사실은 결코 우연이 아니라고 여겼어요. 이것은 빛도 전자기파의 일종이라는 것을 알려 주는 증거라고 판단했습니다. 그렇다면 빛도 전자기파처럼 파동이라는 결론을 내릴 수 있었습니다.

과학자들은 태양에서 지구로 햇빛이 도달하는 원리만 설명하면 빛에 대한 모든 의문을 해결할 수 있다고 여겼습니다. 빛이 파동이라면 태양에서 지구까지 도달하는 데 '매질'이 필요하지요. 호수의 물결이 퍼져 나가려면 물이 필요하고 소리가 전달되려면 공기가 필요한 이치와 같아요. 이렇게 파동을 전달하는 물질을 매질이라고 부릅니다. 당시 과학자들은 우주의 빛을 지구로 전달하는 매질을 '에테르'라고 불렀어요. 우주 공간은 에테르로 가득 차 있어서 태양 빛

전자기파의 정체 TIP

전자기파는 전기장과 자기장이 묶여서 전파되는 파동을 말합니다. 통신에 사용하는 파동인 전파도 전기장으로만 형성되는 것이 아니라 전기장과 자기장이 서로 연속적으로 이어지면서 전달되는 것입니다. 전자기파에는 전파, 마이크로파, 적외선, 가시광선, 자외선, X선, 감마선 등이 있습니다. 나열한 순서대로 파장이 깁니다.

19세기 초까지 과학자들은 전기와 자기를 별개의 것으로 여겼으나, 맥스웰은 전기와 자기를 묶은 전자기학을 통해 두 가지를 하나의 학문으로 통합했습니다.

이 지구까지 전달될 수 있다고 믿었습니다.

19세기에 이르자 과학자들은 에테르가 실제로 존재한다는 것을 실험을 통해 확인하려 했어요. 1887년 미국의 물리학자 앨버트 마이컬슨과 에드워드 몰리는 지구가 에테르 속을 움직인다면 빛의 속력이 다르게 측정될 것이라고 여겼습니다. 배가 강물의 흐름과 같은 방향으로 갈 때와 거슬러 갈 때 속력의 차이가 생기는 것을 생각하면 이해가 쉽습니다. 빛은 에테르를 매질로 하여 이동하므로 당연히 속력 차이가 생겨야 했지요. 마이컬슨은 매우 정밀한 간섭계를 만들었고 이 장치로 에테르의 존재를 증명할 수 있으리라 기대했습니다. 하지만 실험 결과는 기대와 달랐어요. 지구의 공전 방향과 상관없이 빛의 속력은 항상 일정하게 측정되었기 때문입니다. 이 실험 결과는 마이컬슨과 몰리뿐 아니라 당시 과학자들을 당황하게 만들었습니다.

빛의 속력을 설명하는 특수상대성이론

당시 과학자들은 빛이 파동이라고 생각했고 에테르의 존재도 확신하고 있었기에 마이컬슨과 몰리의 실험 결과를 도

무지 이해할 수 없었습니다. 이 실험 결과를 제대로 해석한 사람은 아인슈타인이었습니다. 아인슈타인은 청소년 시절부터 빛을 탐구하고 있었어요. '빛과 같은 속력으로 움직이면 그때 빛은 어떻게 보일까?'라는 의문을 품었습니다. 그 의문에 대한 답은 26세가 된 1905년에 찾았습니다. 그때 발표한 것이 바로 '특수상대성이론'입니다.

아인슈타인은 특수상대성이론에서 2가지를 가정했어요. 첫 번째 가정은 물리 법칙이 같은 속도로 움직이는 모든 관찰자에게 똑같이 적용된다는 것입니다. 두 번째 가정은 빛의 속력은 진공 중에서 움직이는 관찰자나 정지한 관찰자에게 모두 동일하다는 것입니다. 첫 번째를 '상대성 원리', 두 번째를 '광속불변의 원리'라고 해요. 상대성 원리에 따르면 물리 법칙은 어디서나 동일하게 측정되어야 합니다. 곰곰이 생각해 보면 상대성 원리는 어렵지 않게 받아들일 수 있을 것입니다. 그런데 광속불변의 원리는 좀 더 복잡합니다.

시속 150킬로미터로 달리는 기차에 타고 있다고 생각해 보세요. 기차 안에서 달리는 방향으로 시속 150킬로미터의 속력으로 공을 던지면 공의 속력은 얼마가 될까요? 같은 방향으로 던졌으니 공은 시속 300킬로미터의 속력으로 운동할 것입니다. 이제 초속 20만 킬로미터의 우주선에서 우주선 앞쪽으로 초속 30만 킬로미터의 빛을 비추면 빛의 속력은 얼마가 되어야 할까요? 공을 던졌을 때를 생각해 보면 빛의 속력은 초속 50만 킬로미터가 되어야 할 것입니다. 하지만 아인슈타인은 어떠한 경우에도 진공에서는 빛의 속력이 초속 30만 킬로미터로 일정하다고 가정했어요.

그 이유는 맥스웰 방정식을 통해 얻은 광속 값이 '상수'이기 때문입니다. 상수는 변하지 않는 값입니다. 맥스웰 방정식이 옳다면 진공 중에서 광속은 항상 일정해야 했습니다.

맥스웰 방정식에 따라 이론적으로는 빛의 속력이 일정하다고 하더라도 의문은 모두 풀리지 않습니다. 날아가는 우주선에서 쏜 빛의 속력이 일정한 현상을 어떻게 설명할까요? 이를 위해 아인슈타인은 시간과 공간에 대한 전통적 개념을 던져 버립니다. 대신 '상대적' 시간과 공간이라는 개념을 도입하지요.

아인슈타인이 시간과 공간에 관한 새로운 생각을 제시하기 전에는 누구나 뉴턴의 '절대 시간'과 '절대 공간'의 개념을 받아들였어요. 길이가 1미터인 자가 있다고 생각해 보세요. 이 자의 길이는 정지한 사람에게나 운동하는 사람에게나 똑같이 1미터로 보일 것입니다. 마찬가지로 내 시계로 1분의 시간이 지났으면 기차를 타고 가는 친구의 시계에서도 똑같이 1분이 흘렀을 것입니다. 이렇게 길이와 시간은 누가 측정해도 똑같다는 개념을 절대 공간과 절대 시간이라고 불러요. 두 가지는 뉴턴 역학의 기본 가정이자 아인슈타인 이전에는 모두 당연하게 받아들인 개념이었습니다. 하지만 아인슈타인은 이 개념들을 모두 버리고 상대 공간과 상대 시간을 제시하며 '빠르게 움직이는 물체의 시간은 느리게 흘러가고 길이는 짧아진다'는 결론을 내렸습니다.

아인슈타인의 특수상대성이론에 따르면 마이컬슨과 몰리가 한 실험의 모든 의문을 풀 수 있습니다. 특수상대성이론에서는 광속이 어디서나 일정하다고 보기 때문이지요. 아인슈타인의 이론으로 빛을 전달하는 에테르와 같은 물질을 가정할 필요가 없다는 사실이 밝혀졌습니다.

광전효과의 비밀

빛은 '속력이 일정한 파동'이라고 하면 빛과 관련한 모든 현상을 설명할 수 있을까요? 아쉽게도 그렇지는 않습니다. 과학자들에게는 19세기 중반에 알려진 '광전효과'를 설명해야 하는 과제가 남아 있었습니다. 광전효과는 금속에 빛을 쪼이면 금속 표면에서 전자가 튀어나오는 현상입니다. 이때 튀어나온 전자는 '광전자'라고 해요. 빛이 입자가 아닌 파동이라면 광전효과의 원인을 설명하기 어려웠습니다.

진동수가 '문턱 진동수'보다 작은 빛은 금속에 아무리 세게 비춰도 광전자가 튀어나오지 않았습니다. 진동수는 물체가 특정한 시간 동안 진동하는 횟수를 가리켜요. 문턱 진동수는 어떤 금속에 빛을 비췄을 때 광전자가 튀어나올 수 있는 최소한의 진동수를 말합니다. 빛이 파동이라면 문턱 진동수보다 진동수가 작은 빛이라도 광전자가 튀어나와야 합니다. 진동수가 작더라도 세기가 강한 빛을 비추면 금속의 전자들이 그 에너지를 흡수해 튀어나와야 하기 때문이지요.

문턱 진동수보다 진동수가 큰 빛을 비추면 그 빛의 세기가 강할수록 더 많은 광전자가 튀어나왔습니다. 결국 광전자를 튀어나오게 하는 것은 빛의 진동수이지 빛의 세기가 아니었어요. 광전자는 빛을 비추면 즉시 튀어나왔어요. 빛이 파동이라면 금속판이 에너지를 흡수하는 데 시간이 걸릴 텐데, 바로 튀어나오는 현상은 쉽게 납득할 수 없었습니다.

광전효과의 비밀을 푼 사람도 아인슈타인이었습니다. 아인슈타인은 특수상대성이론을 발표한 1905년에 광전효과에 대한 논문도 발표했습니다. 아인슈타인은 광전효과를 설명

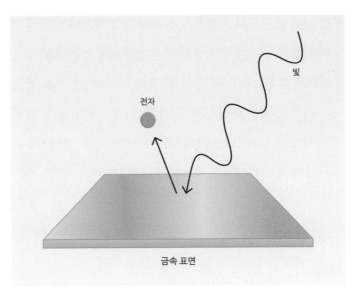

광전효과는 금속에 빛을 쬐면 금속 표면에서 전자가 튀어나오는 현상입니다.

하기 위해 빛을 '광양자'라고 하는 입자의 흐름이라고 설명했습니다. 이를 '광양자설'이라고 해요. 이 이론에 따르면 빛은 진동수에 비례하는 에너지를 가진 입자 즉 광양자로 되어 있습니다. 빛이 광양자로 되어 있다고 생각하면 빛을 비출 때 광전자가 바로 튀어나오는 현상을 설명할 수 있습니다. 광양자의 에너지는 빛의 진동수에 비례해요. 문턱 진동수보다 큰 진동수를 가진 빛은 광전자가 금속의 속박을 벗어나 밖으로 탈출할 수 있을 만큼의 에너지를 가지고 있어요. 문턱 진동수보다 작은 진동수를 가진 빛에는 전자가 금속 표면을 벗어날 만큼의 에너지가 없습니다. 그렇기에 아무리 센 빛을 비춰도 전자가 금속 표면에서 방출되지 않는 것입니다.

우리는 흔히 아인슈타인의 업적으로 상대성이론을 가장 먼저 떠올립니다. 하지만 아인슈타인에게 노벨상을 안겨 준 것은 광양자설이었어요. 1921년 아인슈타인은 광양자설을 제시한 공로로 노벨상을 수상했습니다.

빛의 이중성

그렇다면 빛의 정체는 과연 무엇일까요? 영의 실험에서 나타난 간섭무늬는 빛이 파동이라는 결정적 증거였습니다. 또한 광전효과는 빛이 입자여야만 설명할 수 있는 현상이에요. 이것도 저것도 옳다면 빛은 파동과 입자의 성질을 모두 가지고 있다는 것일까요? 맞습니다. 빛은 파동과 입자의 성질을 모두 가지고 있어요. 이것을 '빛의 이중성'이라고 합니다.

흥미롭게도 빛은 두 가지 성질을 동시에 보여 주지는 않아요. 영의 이중슬릿 실험에서는 파동의 성질만 나타내고 광전효과에서는 입자의 성질만 보여 주지요. 빛은 관찰자가 보기를 원하는 대로 보여 줍니다.

아인슈타인의 광양자설은 파동인 빛이 입자의 성질을 지니고 있음을 입증한 것이었습니다. 그런데 1924년 프랑스의 물리학자인 루이 드브로이는 그 반대의 경우를 생각했습니다. 그는 입자인 전자가 파동의 성질을 지니고 있을 것이라고 생각했어요. 파동의 성질을 지닌 전자를 물질파(드브로이파)라고 불러요. 드브로이의 물질파이론은 1927년 클린턴 데이비슨과 레스터 거머의 실험으로 입증됩니다.

파동성은 전자에만 있는 것이 아니랍니다. 양성자나 중성자와 같은 소립자, 야구공과 같은 일상적인 물체에도 물질파가 있습니다. 물론 투수가 야구공을 던질 때 물질파는 관측할 수 없습니다. 물질파의 파장이 원자핵의 크기보다 훨씬 작은 10^{-34}미터 정도로 너무 작기 때문이지요. 이에 비해 전자의 파장(가속되는 전압에 따라 다르다)은 원자와 크기가 비슷해서 전자 현미경으로 관측이 가능해요.

빛뿐만 아니라 전자와 같은 물질도 파동성과 입자성을 동시에 지니고 있다는 것이 실험을 통해 확인되었습니다. 이 발견은 '양자역학'의 출발점이 되었습니다.

오랜 옛날부터 인류는 빛의 정체가 무엇인지 탐구했습니다. 그 시간을 거쳐 아인슈타인의 상대성이론과 양자역학이라는 물리학의 양대 산맥이 탄생했습니다.

우주의 탄생

결정적 질문 ⑧

우주와 빅뱅

어떻게 만들어졌을까?

오늘날까지 과학은 눈부시게 발전했지만 여전히 시간을 거슬러 올라가는 일은 불가능합니다. 우주가 탄생하는 순간을 두 눈으로 확인할 방법은 없습니다. 하지만 과학자들은 종교적 관점을 벗어나 우주가 어떻게 시작되었는지 설명할 방법을 알아냈습니다.

과연 우주는 어떻게 탄생했을까요?

우주에 대한 불온한 생각

천문학은 고대 바빌로니아에서 생겨나 이집트를 거쳐 그리스에 전파되어 발전했습니다. 당시 천문학은 신들의 마음을 헤아리는 점성술과 다르지 않았습니다. 사람들은 하늘 위에 사는 신들의 뜻을 살피기 위해서 별을 꾸준히 관찰했습니다. 하늘을 계속 관측해 보니 규칙성을 찾을 수 있었습니다. 그렇다고 해도 우주의 기원에 대한 합리적인 설명을 하기는 어려웠습니다. 하늘을 아무리 살펴봐도 그에 대한 단서는 얻을 수 없었어요. 그래서 과거 사람들은 종교와 신화로 우주가 어떻게 생겨났는지 설명했습니다.

천지창조에 대한 신화는 민족마다 다양하게 전해집니다. 중국의 고대 전설에 따르면 '반고'라는 거인이 하늘과 땅을 갈랐다고 전해집니다. 인도의 힌두교에서는 '푸루샤'라고 하는 거인이 죽어서 우주가 탄생했다고 설명합니다.

고대 그리스의 철학자들은 다양한 신화에 기대지 않고 우주의 기원에 관해 합리적으로 논한 사람들입니다. 아리스토텔레스를 비롯한 철학자들은 시작과 끝이 없는 영원하고 완전무결한 우주를 상상했어요. 이와 반대로 에피쿠로스학파는 우주가 불완전한 혼돈 속에서 탄생해 점차 완전하게 변해 간다고 여겼습니다. 우주는 변화무쌍한 존재라는 것이 에피쿠로스학파의 생각이었습니다.

15세기 말 이탈리아의 철학자이자 수도사인 지오다노 브루노는 우주에 관해 새로운 생각을 품었습니다. 브루노는 우주의 크기는 무한하며 태양도 다른 별과 같은 하나의 별이라고 주장했어요. 지금으로 봐선 지극히 합리적인 생각이지만 당시 교회는 그가 아주 위험하고 불손한 인물이라고 여겼습니다. 우주가 무한하다면 신이 있을 장소가 마땅찮았거든요. 또한 지구가 중심이 아니라면 태양도 굳이 우주의 중심이라고 설명할 필요가 없어집니다. 브루노의 생각은 지동설과도 비슷했습니다. 교회의 탄압을 받자 브루노는 무한한 우주를 창조할 수 있을 만큼 신은 위대하다고 항변했습니다. 그러나 끝까지 자신의 신념을 굽히지 않았던 브루노를 미워한 교회는 1600년에 그를 화형에 처해 버렸습니다. 후대의 지식인들은 브루노를 추모하며 그가 화형당한 자리에 동상을 세웠습니다.

브루노의 죽음은 저물어 가는 교회 권력을 상징적으로 보여 주는 사건이었습니다. 교회가 과학을 탄압하는 시대가 지나자 합리성을 추구하는 과학자들이 나타났습니다. 뉴턴은 케플러나 갈릴레이와 같은 선대 과학자들의 발견을 바탕으로 만유인력의 법칙을 발표했어요. 뉴턴은 체계적인 과학 이론을 바탕으로 자신의 주장을 펼쳤습니다. 그는 우주가 무한하지 않다면 만유인력에 의해 서로 끌어당겨져 한 곳으로 충돌하게 될 것이라고 생각했습니다. 하지만 우주는 항상 그대로인 듯 보였으므로 그는 우주가 무한하다는 결론을 내렸습니다.

별의 밝기를 측정해 밝혀낸 사실

망원경은 우주 연구에 꼭 필요한 도구입니다. 갈릴레이가 천체 관측을 시작한 이래 망원경은 꾸준히 발전했어요. 망원경은 지동설을 뒷받침하고 만유인력 법칙을 발견하는 데 도움이 되었어요. 망원경 덕분에 과학자들은 우주에 대한 지식을 꾸준히 축적할 수 있었습니다.

19세기에 접어들자 천문대에 거대한 망원경이 설치되기 시작했습니다. 망원경의 크기가 커지고 성능이 좋아지자 사람들의 눈은 더 먼 우주로 향할 수 있었어요. 당시 막대한 부를 축적한 몇몇 부자는 천문학 발전을 위해 돈을 기부했습니다. 그 자금으로 세계 각지의 천문대에 커다란 망원경을 설치할 수 있었습니다. 1888년 미국 캘리포니아에 설치된 릭 천문대나 1897년 위스콘신주에 설치된 여키스 천문대 등이 그러한 예입니다. 천문대 이름도 기부자들의 이름을 따서 지었습니다. 관측 기술의 발달과 함께 재정적 지원도 늘어나면서 우주 연구도 활기를 띠었습니다.

하버드 대학교 천문대에도 그런 지원이 있었어요. 미국의 헨리 드레이퍼는 천문학에 최초로 사진 촬영을 도입한 천문학자였습니다. 그가 죽자 부인인 애나 드레이퍼는 남편의 뜻을 이어 많은 돈을 이곳에 기부했습니다. 하버드 대학교 천문대는 이 돈을 별을 분류하는 드레이퍼의 프로젝트를 이어 가는 데 사용했습니다. 오늘날에는 컴퓨터를 이용할 수 있지만 당시에는 사람이 직접 분류해야 했습니다. 천문대에서는 '인간 컴퓨터'라 부른 여성 계산원들을 고용했습니다. 그들은 사진에 찍힌 별을 일일이 세고, 별을 거리와 별빛의 스펙트럼에 따라 분류하는 일을 맡았습니다.

천문대에 고용된 여성들이 받는 봉급은 남성들의 3분의 1밖에 되지 않았습니다. 그러나 남성에 전혀 밀리지 않는 능력을 발휘했습니다. 그들은 매우 정확하고 섬세하게 작업할 수 있는 능력을 갖추고 있었습니다. 특히 헨리에타 레빗과 애니 캐넌은 매우 뛰어난 업적을 이루어 냈습니다. 둘은

하버드 천문대장인 에드워드 피커링과 함께 '헨리 드레이퍼 목록'을 완성했어요. 다양한 별을 체계적으로 분류한 이 목록은 근대 천문학 발전에 크게 기여했습니다.

레빗의 업적은 계속되었습니다. 바로 세페이드변광성의 주기와 별의 밝기 사이의 관계를 밝혀낸 것입니다. '변광성'은 별의 밝기가 변하는 별이에요. 세페이드변광성은 마치 심장이 뛰는 것같이 밝기가 일정하게 변합니다. 레빗은 이 변광성의 밝기가 변하는 주기와 광도(별의 밝기를 나타내는 양) 사이에 일정한 규칙성이 있다는 것을 알아냈어요.

TIP

별빛의 스펙트럼

별빛을 프리즘에 통과시키면 무지개처럼 여러 가지 색으로 나누어지는데 이것을 스펙트럼이라고 부릅니다. 스펙트럼은 연속스펙트럼과 선스펙트럼으로 나눌 수 있습니다. 연속스펙트럼은 백열등이나 태양처럼 뜨거운 물체에서 방출하는 빛에서 볼 수 있습니다. 한편 방전관에 기체를 넣고 전압을 걸었을 때 나오는 빛을 분광기를 통해 보면 밝은 선이 띠엄띠엄 나오는데, 이를 선스펙트럼이라고 합니다. 선스펙트럼은 빛을 뿜는 물체가 지닌 원자에 따라 다르게 나타납니다. 따라서 별빛의 스펙트럼을 조사하면 별의 성분과 온도 등을 알 수 있습니다.

애니 캐넌(왼쪽)과 헨리에타 레빗의 사진입니다. 이들은
다양한 별을 체계적으로 분류하는 데 성공했습니다.

그는 소마젤란성운에 있는 세페이드변광성을 관측해 주
기와 광도 간의 규칙성을 알아냈어요. 둘의 관계를 이용하
면 별의 '절대등급'을 알아낼 수 있었습니다. 지구 하늘에서
보이는 별의 밝기는 겉보기등급이라고 하고, 별의 진짜 밝
기는 절대등급이라고 해요. 거리에 따른 겉보기등급과 절대
등급 사이의 수학적인 관계를 알면 절대등급만으로 별까지
의 거리를 계산할 수 있습니다.

세페이드변광성의 하나인 RS퍼피스입니다. 2013년 미국항공우주국이 우주망원경으로 촬영했습니다. 세페이드변광성은 마치 심장이 뛰는 것같이 밝기가 일정하게 변합니다.

천문학에서 별의 거리를 측정하는 일은 매우 중요해요. 그런데 하늘을 한번 쳐다보세요. 별의 밝기는 보이는 대로 측정하면 알 수 있지만 별과의 거리는 전혀 느껴지지 않지요. 단지 모든 별들이 천구에 붙어 있는 것처럼 보일 뿐 거리감은 느낄 수 없습니다. 멀리 있는 천체의 거리를 알아내려면 다른 방법이 필요합니다. 레빗의 발견으로 과학자들은 세페이드변광성을 이용해 거리를 측정할 수 있게 되었습니다.

우주는 팽창한다

1920년 미국의 천문학자 할로 섀플리와 히버 커티스 사이에 논쟁이 벌어졌습니다. 이를 '섀플리-커티스 논쟁'이라고 불러요. 논쟁 내용은 간단합니다. '우주의 크기가 얼마나 되느냐'는 것이었어요. 섀플리는 우리 은하가 우주의 전부라고 주장했어요. 이에 맞서 커티스는 우리 은하 밖에도 외부 은하가 존재한다고 맞섰습니다.

논쟁의 종지부를 찍은 사람은 미국의 천문학자 에드윈 허블이었습니다. 허블은 레빗이 발견한 세페이드변광성의 주기와 광도 관계를 이용해 당시에 성운으로 알려졌던 안드로메다은하까지의 거리를 측정했습니다. 허블이 측정한 결과 지구에서 성운까지의 거리는 90만 광년(현재 알려진 정확한 값은 250만 광년)이었습니다. 그렇다면 우리 은하 내의 성운이라고 보기에는 거리가 너무 멀었습니다. 당시 우리 은하의 크기가 10만 광년으로 알려져 있었는데, 90만 광년 거리에 성운이 있다는 것은 앞뒤가 맞지 않는 것이었지요.

이를 통해 허블은 안드로메다성운이 또 다른 은하라는 것을 밝혀냈습니다. 우리 은하 밖에 외부 은하가 있다는 것은 우리 은하가 엄청나게 드넓은 우주의 일부라는 뜻이었지요.

허블의 더욱 중요한 업적은 멀리 있는 은하일수록 더 빨리 멀어진다는 사실을 휴 메이슨이라는 천문학자와 함께 알아낸 것이랍니다. 그는 은하의 거리와 멀어지는 속도를 그래프로 나타내면 둘이 서로 비례한다는 '허블 법칙'을 알아냈습니다.

은하의 위치가 움직인다는 사실은 어떻게 알아냈을까요? 그건 베스토 슬라이퍼라는 천문학자가 **도플러 효과**를 이용해 알아냈습니다. 슬라이퍼는 성운의 **적색편이**를 촬영해서 성운이 멀어지고 있다는 것을 밝혀냈습니다. 그가 성운이라

도플러 효과와 적색편이

도플러 효과는 파원이나 관측자가 움직일 때 파동의 진동수가 다르게 관측되는 현상을 뜻합니다. 일상에서 예를 들면 자동차가 다가올 때는 소리가 더 높게 들리고, 멀어질 때는 낮은 소리로 들리지요? 자동차가 사람에게 다가올 때 진동수가 높아져 높은 소리로 들리고 멀어질 때는 반대로 진동수가 낮아지는 것입니다.

적색편이는 빛에 나타나는 도플러 효과입니다. 지구에서 별이 멀어질 때는 별빛의 스펙트럼선이 적색 쪽으로 이동한 것으로 관측됩니다. 이를 적색편이라고 부릅니다. 적색편이 정도가 크면 클수록 별이 더 빨리 멀어지고 있다는 것을 뜻한답니다.

고 생각한 것이 우리 은하 외부에 있는 안드로메다은하였다는 사실은 나중에 허블이 밝혀냈습니다.

허블 법칙을 수식으로 표현하면 다음과 같습니다. 후퇴 속력 v와 허블 상수 H, 거리 d 사이에는 다음과 같은 관계가 있어요.

$$v = Hd$$

허블 상수는 비례 상수예요. 위의 식에서 허블 상수가 크면 멀어지는 속력이 더 커집니다. 이 관계식을 이용하면 더 멀리 있는 은하와의 거리도 알 수 있습니다. 즉 외부 은하가 멀어지는 속력과 거리와의 관계를 통해 허블 상수만 알아내면 매우 멀리 떨어진 은하와의 거리도 구할 수 있습니다. 허블은 우주의 구석구석을 연구할 수 있는 길을 열었습니다.

이 방법이 알려지자 사람들은 큰 충격을 받았어요. 허블 법칙에 따르면 우주는 정지한 상태로 있는 것이 아니라 계속 팽창하고 있으니까요. 사람들은 마치 오븐 속에서 부푸는 빵처럼 우주의 크기가 계속 커진다는 것에 놀라지 않을 수 없었습니다.

그리고 우주가 팽창한다는 사실을 역으로 생각해 보세요. 우주는 먼 과거에 한 군데 모여 있었다는 뜻이 됩니다. 그렇다면 그 중심은 어디일까요? 팽창하는 것을 거꾸로 돌리면 어딘가 시작점이 있을 테니까 우주의 중심도 있을 것 같지요? 태양계에도 태양이라는 중심이 있습니다. 거대한 우주에도 중심이 있는 것이 자연스러워 보이지요. 그런데 팽창하는 우주에서 중심은 없습니다. 우주 속 모든 은하는 서로가 서로에게서 멀어지고 있습니다. 풍선에 별을 그려 놓고 바람을 불면 별 사이의 거리는 멀어지지만 어느 곳이 풍선의 중심이라고 할 수 없는 것과 같습니다. 단지 서로 멀어질 뿐이지요. 지금도 우주는 새로운 공간이 계속 생겨나면서 팽창하고 있습니다.

허블 법칙의 놀라움은 여기서 끝나지 않습니다. 이 법칙으로 우주의 나이도 알 수 있습니다. 우주의 나이를 구하는 방법은 간단합니다. 속력은 거리를 시간으로 나눈 값이므로 거리와 속력을 알면 시간을 구할 수 있습니다. 즉 허블 상수의 역수가 바로 우주의 나이가 되는 것입니다. 식에서 T를 우주의 나이라고 하면 아래 수식과 같은 관계가 성립합니다.

$$T = \frac{d}{v} = \frac{d}{H \times d} = \frac{1}{H}$$

여기서 T는 우주가 시작되어 오늘날까지 팽창하는 데 걸린 시간, 즉 우주의 나이가 됩니다.

허블 법칙을 통해 우주의 나이를 구할 수 있게 되긴 했지만 한 가지 문제가 있습니다. 허블 상수는 정확하게 측정하는 것이 쉽지 않아요. 아직도 우주의 나이나 크기가 조금씩 변하는 것은 측정값이 계속 바뀌고 있기 때문입니다. 오늘날 과학자들은 우주의 나이를 약 138억 년으로 추정합니다.

허블은 계속 은하를 관측해 형태에 따라 타원은하, 나선은하, 불규칙은하 등으로 구분했습니다. 그는 우주의 크기에 대한 인류의 관점을 크게 바꾸면서 천문학의 새로운 문을 열었습니다. 이 공적을 기리고자 미국항공우주국^NASA에서는 먼 우주를 관측할 때 사용하는 우주망원경에 허블의 이름을 붙였습니다.

아인슈타인 생애 최대의 실수

1929년 허블 법칙이 발표되기 2년 전 허블과 비슷한 생각을 발표한 천문학자가 있었습니다. 벨기에의 신부이자 바티칸의 천문학자였던 조르주 르메트르는 우주가 팽창해서 오늘날에 이르렀다는 논문을 발표했습니다. 우주의 팽창을 먼저 발견한 르메트르의 공로를 인정해 지금은 허블 법칙의

1990년 미국항공우주국이 지구 상공에 쏘아 올린 허블우주망원경입니다. 우주가 팽창한다는 사실을 밝힌 허블의 업적을 기리기 위해 그의 이름을 붙였습니다.

이름을 '허블-르메트르 법칙'으로 바꿔 부릅니다. 신부였던 르메트르는 성경과 일치하는 우주 모형을 찾기 위해 상대성이론을 살펴보다가 우주가 팽창한다는 생각에 다다른 것이었습니다. 그는 아인슈타인의 상대성이론에서 우주가 팽창한다는 사실을 도출해 냈습니다.

그렇다면 상대성이론을 만든 아인슈타인은 우주가 팽창한다는 사실을 어떻게 생각했을까요? 아인슈타인도 자신이 만든 일반상대성이론 방정식에서 우주가 팽창하거나 수축

한다는 결론이 나오는 것을 알고 있었습니다. 그러나 뉴턴이 주장했던 움직이지 않는 우주를 굳게 믿었기 때문에 팽창하는 우주를 받아들일 수 없었습니다. 결국 그는 상대성 이론과 움직이지 않는 우주 모형 둘을 절충하는 방법을 선택했습니다. 팽창하는 우주 모형이 나오지 않도록 '우주 상수'라는 항을 방정식에 집어넣은 것이지요. 이론적으로 우주를 정지 상태로 유지하기 위해서였습니다.

르메트르는 달랐어요. 방정식에 우주 상수가 들어갈 이유가 없다고 생각하고 우주 상수 없이 팽창하는 우주 모형을 발표했습니다. 그러나 과학자들은 종교적 색채가 강한 그의 모형을 달가워하지 않았어요. 정지한 우주에 대한 믿음이 너무 강해 아인슈타인을 비롯한 많은 과학자는 현재의 우주가 그대로 유지된다는 '정상 우주론'을 지지했어요. 오래된 생각을 바꾼다는 건 참 쉽지 않지요?

1929년 허블 법칙이 알려지자 르메트르의 생각이 옳았다는 것이 밝혀졌습니다. 아인슈타인은 '생애 최대의 실수'라며 우주 상수가 잘못된 것임을 인정했어요. 그리고 정상 우주론을 포기했습니다.

빅뱅 우주론과 우주배경복사

아인슈타인까지 우주가 팽창한다는 사실을 인정했지만 프레드 호일을 비롯한 정상 우주론 지지자들은 여전히 남아 있었습니다. 호일은 1940년대 말 한 라디오 방송에서 팽창 우주론에 대해 "그렇다면 우주가 대폭발^{big bang}로 탄생한 것인가요? 빅뱅의 흔적이 어디 있지요?"라고 놀리듯 말을 했어요. 팽창 우주론을 지지하고 있었던 미국의 물리학자 조지 가모는 '빅뱅'이라는 표현이 적절하다고 여기고 팽창 우주론을 '빅뱅 우주론'이라고 바꿔 불렀습니다. 또한 그는 빅뱅이 일어났을 때 엄청나게 뜨거운 열이 나왔고 그 흔적이 우주에 남아 있을 것이라고 예측했습니다. 그 흔적이 바로 '우주배경복사'입니다. 우주배경복사는 우주 공간에 가득 차 있어서 어떤 방향에서나 관측할 수 있는 전자기파입니다. 우주의 배경을 이루고 있다는 뜻에서 붙은 이름입니다.

우주배경복사만 찾으면 가모의 빅뱅 이론을 멋지게 증명할 수 있을 텐데 이것을 관찰하는 일이 쉽지 않았어요. 당시에는 우주배경복사를 검출할 수 있는 마땅한 기술이 없었기 때문입니다. 우주배경복사를 최초로 발견하는 행운은 엉뚱한 이들이 거머쥐었습니다.

1964년 미국 벨연구소의 연구원이었던 아르노 펜지어스와 로버트 윌슨은 새로 만든 안테나를 설치하던 중 알 수 없는 잡음이 계속 잡혀서 골머리를 앓았어요. 아무리 안테나를 점검해 봐도 도저히 원인을 알 수 없었습니다. 그들은 잡음의 정체를 알기 위해 연구소에서 가까운 프린스턴 대학교에 전화했습니다. 전화를 받은 천문학자 로버트 딕은 그 잡음이 우주배경복사라는 것을 바로 알아차렸습니다.

당시 딕의 연구팀은 우주배경복사를 찾기 위한 준비를 거의 다 해 놓은 상태였어요. 곧 우주배경복사를 발견해 노벨상을 탈 희망에 부풀어 있었을 것입니다. 그런데 자신들의 발견이 뭔지도 모르는 옆집 사람들에게 기회를 뺏기고 말았습니다. 펜지어스와 윌슨은 우주에서 날아온 신호를 잘 잡은 덕분에 1978년 노벨 물리학상을 받았습니다. 우연이기는 했지만 이 발견은 그만큼 중요했습니다.

우주 어디서나 우주배경복사가 관측된다는 것은 우주 전체에 동일한 물질과 에너지가 있다는 증거가 됩니다. 하지만 우주배경복사가 발견되었는데도 호일은 정상 우주론을 포기하지 않았습니다. 빅뱅으로 우주가 탄생했다는 증거는 여전히 부족하다고 주장했어요.

호일은 우주배경복사가 만드는 전파의 강도를 문제 삼았

습니다. 전파의 강도가 완벽하게 같아서는 안 된다는 것이었어요. 빅뱅 직후에 우주가 완벽하게 균일한 상태를 유지했다면 은하가 탄생할 수 없기 때문이지요. 어딘가 미세하게나마 밀도 차이가 생겨야 그곳을 중심으로 은하가 생길 수 있습니다. 이를 '비등방성'이라고 불러요. 호일은 그러한 증거를 어디서 찾겠냐며 반박했습니다.

비등방성의 증거는 1992년 우주배경복사 탐색 위성 Cosmic Background Explorer, COBE 을 통해 발견되었어요. 2001년에 발사된 윌킨슨 마이크로파 비등방성 탐색기 Wilkinson Microwave Anisotropy Probe, WMAP 는 더욱 상세한 데이터를 수집했습니다. 이는 빅뱅 이후 오늘날의 우주가 어떻게 형성되었는지를 드러내는 자세한 자료가 되었어요. WMAP의 자료로 빅뱅 후 38만 년이 지난 초기 우주의 모습을 알 수 있게 되었답니다.

우주가 생긴 직후 무슨 일이 있었을까?

이제 가모의 빅뱅 우주론은 우주론의 표준 모형으로 자리 잡았습니다. 우주의 시작을 연구한 과학자들은 빅뱅이 일어나고 10^{-43}초 후 우주의 모습까지 알아내는 데 성공했어요.

이보다 짧은 시간 내에서는 어떤 일이 벌어졌는지 지금의 물리학으로는 알 수 없습니다. 10^{-43}초 동안의 시간을 '플랑크 시간'이라고 부릅니다.

우주는 138억 년 전 빅뱅에서 시작되었습니다. 빅뱅 직후인 10^{-43}~10^{-34}초 사이에 급격한 팽창이 일어났어요. 이때 우주의 팽창 속도는 빛보다 빨랐습니다. 상대성이론에 따르면 빛보다 빠른 물체가 없는데 어떻게 그럴 수 있냐고요? 아인슈타인의 상대성이론은 물체에 적용되는 것이지 공간의 팽창에는 적용할 수 없습니다. 그래서 초기 우주가 빛보다 빠르게 팽창한다고 하더라도 이론에 어긋나지 않습니다.

우주가 시작된 직후에는 광자와 입자, 반입자 들이 어지럽게 날아다녔어요. 입자와 반입자는 서로 충돌하면서 소멸하는 쌍소멸을 하고 빛을 방출했습니다. 반대로 높은 에너지를 가진 빛은 입자와 반입자를 동시에 생성하고 없애는 쌍생성을 일으켰어요. 쌍생성과 쌍소멸이 일어나는 과정에서 최종적으로 입자들이 더 많이 살아남았습니다. 비율로 따지면 입자가 반입자보다 10억 개당 1개 정도가 더 많았습니다. 그래서 지금 우리가 반물질이 아니라 물질로 된 우주에 살고 있는 것이지요.

10^{-6}초가 지나자 양성자와 중성자가 생겨났습니다. 중성자

우주는 138억 년 전 빅뱅에서 시작되었습니다.

와 양성자는 서로 전환되기도 합니다. 그리고 중성자는 양
성자보다 질량이 조금 더 커요. 그래서 중성자가 양성자로
바뀔 때는 에너지를 방출했고 반대로 양성자가 중성자로 바
뀔 때는 에너지를 흡수했습니다. 우주의 온도가 높았을 때
는 중성자와 양성자 사이에 변환이 자유롭게 일어났지만 온
도가 낮아지자 양성자는 중성자로 바뀌지 못하게 되었습니
다. 그래서 양성자보다 중성자의 수가 더 많아졌습니다.

　빅뱅 후 3분이 지났을 때는 양성자와 중성자가 만나서 원
자핵을 만들 만큼 온도가 내려갔습니다. 양성자와 중성자가
결합한 중수소 원자핵끼리 충돌하면서 삼중수소 원자핵이

만들어졌어요. 또한 삼중수소 원자핵과 중수소 원자핵이 충돌하면서 헬륨 원자핵이 만들어졌습니다.

38만 년이 지나자 전자는 원자핵에 포획되어 원자가 되었습니다. 이렇게 해서 수소 원자와 헬륨 원자가 탄생하게 되었습니다. 중성의 원자가 만들어지면서 빛은 더 이상 산란하지 않고 직진할 수 있었어요. 그 이전의 우주는 계속 입자들과 충돌하는 빛 때문에 마치 안갯속처럼 뿌옇게 보였습니다. 하지만 38만 년이 지나자 빛이 직진할 수 있게 되면서 우주는 맑아졌습니다.

7억 년이 지나자 수소와 헬륨이 모여서 핵융합 반응을 일으켰어요. 이 과정을 통해 최초의 별이 탄생했지요. 별들이 모여 은하가 되면서 오늘날 우주의 모습이 갖춰졌습니다.

우주를 이루는 미지의 암흑물질

그런데 이것만으로 우주의 비밀이 모두 풀린 건 아닙니다. 1933년 스위스 천문학자인 프리츠 츠비키는 은하단의 운동이 관측되지 않는 수상한 물질의 영향을 받는다고 여겼습니다. 그리고 이 물질을 '암흑물질'이라 불렀어요.

당시 황당한 그의 주장에 관심을 기울이는 사람은 없었습니다. 그러다가 1950년대 미국의 천문학자 베라 루빈은 우리 은하의 운동이 어딘가 이상하다는 것을 발견했습니다. 태양계의 운동은 중력만으로 설명이 되지만, 우리 은하의 이상한 운동은 별보다 더 많은 물질이 존재하지 않는 한 설명할 수 없다고 여겼어요. 그래서 그는 보이지 않는 암흑물질이 있다고 주장했습니다.

　현재 과학자들은 은하의 운동뿐 아니라 허블우주망원경으로 암흑물질이 만드는 중력렌즈 효과를 관측하면서 암흑물질의 존재를 확실하게 확인했습니다.

　지금까지 인류는 우주에서 10퍼센트 조금 넘는 물질만 관측했을 뿐 암흑물질과 암흑에너지의 정체는 모르고 있습니다. 우주의 비밀을 하나둘씩 벗겨 가다 보면 언젠가 진짜 우주의 모습을 알 수 있는 날이 오겠지요?

교과 연계

고등학교

참고 자료

결정적 질문 1

· 노태희 외, 《고등학교 화학 1·2》, 천재교육, 2011
· 차동우, 《핵물리학》, 북스힐, 2004
· 존 허드슨, 《화학의 역사》, 고문주 옮김, 북스힐, 2005

결정적 질문 2

· 데이비드 필킨, 《스티븐 호킹의 우주》, 동아사이언스 옮김, 성우, 2001
· 이케우치 사토루, 《우리가 알아야 할 우주의 모든 것》, 김수진 옮김, 이손, 2002
· 제라드 피엘, 《과학의 시대!》, 전대호 옮김, 한길사, 2003
· Andrew Fraknoi, 《우주로의 여행 1》, 윤홍식 외 옮김, 청범출판사, 1998

결정적 질문 3

· 강남화 외, 《고등학교 물리학 1·2》, 천재교육, 2018
· 로이드 모츠, 제퍼슨 헤인 위버, 《물리 이야기》, 차동우·이재일 옮김, 전파과학사, 2001
· Spencer R. Weart, Melba phillips, 《인물로 본 현대물리학사》, 김제완 옮김, 일진사, 2001

결정적 질문 4

· 로버트 A 윌리스, 《생물학: 생명의 과학》, 이광웅 옮김, 을유문화사, 1999
· 빌 브라이슨, 《거의 모든 것의 역사》, 이덕환 옮김, 까치, 2020
· 오현선 외, 《고등학교 생명과학 1·2》, ㈜미래엔, 2018
· 이준규 외, 《고등학교 생명과학 1·2》, 천재교육, 2011
· Ndil. A Campbell 외, 《생명과학: 이론과 현상의 이해》, 김명원 외 옮김, 라이프사이언스, 2005

결정적 질문 5

- 로버트 A 월리스, 《생물학: 생명의 과학》, 이광웅 옮김, 을유문화사, 1999
- 오현선 외, 《고등학교 생명과학 1·2》, ㈜미래엔, 2018
- 이준규 외, 《고등학교 생명과학 1·2》, 천재교육, 2011
- Ndil. A Campbell 외, 《생명과학: 이론과 현상의 이해》, 김명원 외 옮김, 라이프사이언스, 2005

결정적 질문 6

- 빌 브라이슨, 《거의 모든 것의 역사》, 이덕환 옮김, 까치, 2020
- 한국지구과학회 엮음, 《지구환경과학 2》, 대한교과서, 2000
- Brian J. Skinner, Stephen C. Porter, 《생동하는 지구: 지질학 입문》, 박수인 외 옮김, 시그마프레스, 1998
- Russell Miller, 《移動하는 大陸》, 타임라이프 북스 옮김, 한국일보 타임-라이프, 1986

결정적 질문 7

- 김충섭, 《동영상으로 보는 우주의 발견》, 북스힐, 2002
- 데이비드 필킨, 《스티븐 호킹의 우주》, 동아사이언스 옮김, 성우, 2001
- 안태인 외, 《고등학교 과학》, 금성출판사, 2011
- Andrew Fraknoi, 《우주로의 여행 1》, 윤홍식 외 옮김, 청범출판사, 1998

- 결정적 질문 8

- 강남화 외, 《고등학교 물리학 1·2》, 천재교육, 2018
- 뉴턴코리아 편집부, 《광속 C》, 뉴턴코리아, 2012
- 뉴턴코리아 편집부, 《누구나 이해할 수 있는 양자론》, 뉴턴코리아, 2006
- 뉴턴코리아 편집부, 《빛과 색의 사이언스》, 뉴턴코리아, 2017
- 뉴턴코리아 편집부, 《시간이란 무엇인가?》, 뉴턴코리아, 2007

· 뉴턴코리아 편집부, 《파동의 사이언스》, 뉴턴코리아, 2010

· 벤 보버, 《빛 이야기》, 이한음 옮김, 웅진지식하우스, 2004

· 빌 브라이슨, 《거의 모든 것의 역사》, 이덕환 옮김, 까치, 2020

· 차동우, 《상대성 이론》, 북스힐, 2003

사진 출처

· 44쪽 Marc Ryckaert / commons.wikimedia.org

· 71쪽 Joseolgon / commons.wikimedia.org

· 112쪽 Wellcome Library, London / commons.wikimedia.org

· 183쪽 Hubble ESA / commons.wikimedia.org

· 189쪽 NASA / commons.wikimedia.org

10대를 위한
과학을 만든 결정적 질문

초판 1쇄   2022년 5월 27일

지은이   최원석

펴낸이   김한청
기획편집   원경은 김지연 차언조 양희우 유자영 김병수
마케팅   최지애 현승원
디자인   이성아 박다애
운영   최원준 설채린

펴낸곳   도서출판 다른
출판등록   2004년 9월 2일 제2013-000194호
주소   서울시 마포구 양화로 64 서교제일빌딩 902호
전화   02-3143-6478   **팩스** 02-3143-6479   **이메일** khc15968@hanmail.net
블로그   blog.naver.com/darun_pub   **인스타그램** @darunpublishers

ISBN   979-11-5633-462-0 (44000)
           979-11-5633-441-5 (세트)